北京市政建设集团有限责任公司　企业标准

桥梁工程施工技术规程

编　号：Q/BMG 106—2009

备案号：JQB-209-2009

中国建筑工业出版社

图书在版编目（CIP）数据

桥梁工程施工技术规程/北京市政建设集团有限责任
公司编制. —北京：中国建筑工业出版社，2009
ISBN 978-7-112-11287-6

Ⅰ. 桥… Ⅱ. 北… Ⅲ. 桥梁工程—工程施工—技术
操作规程 Ⅳ. U445.4-65

中国版本图书馆 CIP 数据核字（2009）第 169165 号

责任编辑：田启铭　张文胜
责任设计：赵明霞
责任校对：王　侠　王雪竹

北京市政建设集团有限责任公司　企业标准
桥梁工程施工技术规程

*

中国建筑工业出版社出版、发行（北京西郊百万庄）
各地新华书店、建筑书店经销
北京千辰公司制版
世界知识印刷厂印刷

*

开本：787×1092 毫米　1/16　印张：7¾　字数：195 千字
2009 年 12 月第一版　　2009 年 12 月第一次印刷
定价：**32.00** 元
ISBN 978-7-112-11287-6
（18566）

本书编委会

主　　编：李志青

副 主 编：赵天庆　景　飒　刘彦林

审定专家：（按姓氏笔画排序）

马少军　刘　盈　朱玉明　余家兴

李志强　李国祥　汪　良　陈永华

范　良　彭立英　程立华　鲍绥意

编 写 人：（按姓氏笔画排序）

刘　琨　宋　列　宋　扬　张学军

郭　嘉　康玉玺　曹江华　彭兴坤

前　言

北京市政建设集团有限责任公司企业标准包括九册技术规程和五册工艺规程，本企业标准是由北京市政建设集团有限责任公司长期在一线从事施工技术且具有丰富施工经验的技术骨干和专家历时三年多时间编写而成，其内容基本涵盖了市政工程施工的主要专业技术领域。

本企业标准是北京市政建设集团有限责任公司 50 多年来施工经验的总结和广大工程技术人员聪明智慧的结晶。尤其是不少同行和专家在百忙之中参与审定工作，他们高度负责精神对企业标准编制发挥了重要作用，对此表示由衷的感谢。

编写企业标准其目的在于加强北京市政建设集团有限责任公司施工的标准化、规范化，提高企业的技术水平和管理水平，提高企业的市场竞争能力；是企业适应我国加入WTO 后建筑业发展形势所必需，是企业进入建筑市场参与市场竞争的一个重要技术条件。

本标准将为本企业在制定投标方案、编制施工组织设计、专项施工方案、进行技术交底、检查验收施工质量、组织技术培训等工作作为参考资料使用。在使用企业标准过程中，如遇到与国家标准、行业标准和地方标准相矛盾时，应以国家标准、行业标准和地方标准为准。

技术规程和工艺规程编写的侧重点不同，技术规程主要针对项目总工、专业工程师等工程技术管理层面；工艺规程主要针对作业层面的工艺技术指导，工艺规程是以分项或分部工程为对象编制的，每项施工工艺包括适用范围、施工准备、操作工艺、质量标准、质量记录、安全与环保、成品保护七个方面的内容。

其中技术规程前四册（合订本）为通用专业，分别为《市政基础设施工程测量技术规程》Q/BMG 101—2009、《土方与地基施工技术规程》Q/BMG 102—2009、《混凝土结构施工技术规程》Q/BMG 103—2009 和《砌体结构施工技术规程》Q/BMG 104—2009；后五册分别为《道路工程施工技术规程》Q/BMG 105—2009、《桥梁工程施工技术规程》Q/BMG 106—2009、《管道工程施工技术规程》Q/BMG 107—2009、《给水与排水构筑物工程施工技术规程》Q/BMG 108—2009 和《城市快速轨道交通工程施工技术规程》Q/BMG 109—2009。通用专业技术规程为专业工程提供了一些市政工程施工中常用的技术要求，以上九册技术规程要配套使用；工艺规程部分共五册，计 222 项工艺，分别为《道路工程施工工艺规程》Q/BMG 201—2009、《桥梁工程施工工艺规程》Q/BMG 202—2009、《管道工程施工工艺规程》Q/BMG 203—2009、《给水与排水构筑物工程施工工艺规程》Q/BMG 204—2009 和《城市快速轨道交通工程施工工艺规程》Q/BMG 205—2009。

本册为《桥梁工程施工技术规程》Q/BMG 106—2009，有正文、附录、条文说明三部分，共计 18 章 68 节，主要包括：总则，术语，基本规定，施工准备，扩大基础，沉入桩基础，灌注桩基础，沉井基础，墩、台，支座，混凝土梁浇筑，混凝土梁架设，钢梁，拱结构，斜拉桥，顶进箱涵，桥面系和附属结构，桥梁荷载试验。附录 8 个。

由于编者水平有限，本企业标准难免有疏漏和错误之处，希望读者能批评指正，以便进一步修订完善。

目　录

1 总　则

1.0.1　为贯彻国家对建设工程的质量要求，规范与提高本企业桥梁工程施工技术，保证桥梁工程的施工质量，制定本规程。

1.0.2　本规程依据国家、行业、地方现行有关标准并总结本企业长期施工技术经验制定。

1.0.3　本规程适用于本企业承建的城镇桥梁工程；桥梁大、中修工程可参照使用。

1.0.4　本规程应与《市政基础设施工程施工测量技术规程》Q/BMG 101、《土方与地基施工技术规程》Q/BMG 102、《混凝土结构施工技术规程》Q/BMG 103、《砌体结构施工技术规程》Q/BMG 104 等配套使用。

1.0.5　在确保工程质量的前提下，应努力实现科技进步，采用新技术、开发新工法应进行试验，经过评审，制定专项规定后方可实施。

1.0.6　施工中应作好施工安全技术工作，遵守现行《北京市桥梁工程施工安全技术规程》DBJ 01—85 和《北京市市政工程施工安全操作规程》DBJ 01—56 的有关规定。

1.0.7　本规程未作规定的内容，尚应符合国家现行有关法规、标准、规范、规程的相关规定。

2 术　语

2.0.1 灌注桩　cast-in-place concrete pile

在地基中以人工或机械成孔，在孔中灌注混凝土而成的桩。

2.0.2 沉井基础　open caisson foundation

以沉入地层至设计标高的上下敞口井筒状结构物作为结构外壳而筑成的基础。

2.0.3 悬臂浇筑　cast-in-place cantilever

在桥墩两侧设置工作平台，由桥墩向跨中平衡地逐段悬臂浇筑水泥混凝土梁体，并逐段施加预应力的施工方法。

2.0.4 挂篮　movable suspended scaffolding

用悬臂浇筑法浇筑斜拉、T构、连续梁等水泥混凝土梁时，用于承受施工荷载及梁体自重、能逐段向前移动、经特殊设计的主要工艺设备。

2.0.5 托架　corbel

在墩顶及其邻近混凝土梁段施工时，为浇筑悬臂部分而设置的支架。该支架利用墩身预埋件与型钢或万能杆件拼制连接而成。

2.0.6 预拱度　camber

为抵消梁、拱、桁架等结构在荷载作用下产生的位移（挠度），而在施工或制造时所预留的与位移相反的校正量。

2.0.7 悬臂拼装　erection by protrusion

在桥墩两侧设置吊架，平衡地逐段向跨中悬臂拼装水泥混凝土梁体预制块件，并逐段施加预应力的施工方法。

2.0.8 湿接缝　wet joint

分块预制的混凝土结构安装时，两相邻预制块之间的现浇混凝土段称为湿接缝。

2.0.9 胶拼缝　glued joint with epoxy resin

预应力混凝土结构分块预制，安装时用环氧胶粘剂使相邻的两预制块粘合成一体的接缝。

2.0.10 顶推法　incremental launching method

梁体在桥头逐段浇筑或拼装，在梁前端安装导梁，用千斤顶纵向顶推，使梁体通过各墩顶的临时滑动支座就位的施工方法。

2.0.11 超声波探伤　supersonic sounding

利用超声波对结构或钢材焊接进行质量检验的方法。

2.0.12 射线探伤　γ or X-ray inspecting

利用γ、X射线对结构或钢材焊接进行质量检验的方法。

2.0.13 预拼装　test assembling

为检验构件是否满足安装质量要求而进行的拼装。

2.0.14 高强度螺栓连接副 a set of high strength bolt

高强度螺栓和与之配套的螺母、垫圈的总称。

2.0.15 抗滑移系数 antislipping factor

高强度螺栓连接中，使连接件摩擦面产生滑动时的外力与垂直于摩擦面的高强度螺栓预拉力之和的比值。

2.0.16 分环多工作面均衡浇筑法 balanced concreting layer by layer with multi-workpoint

浇筑大跨径劲性骨架混凝土拱圈（拱肋）时，为使劲性骨架变形均匀并有效地控制拱圈内力和变形，将拱圈沿纵向分为多个工作面，每个工作面沿横向又分成多个工作段，各工作面对称、均衡浇筑的一种施工方法。

2.0.17 分环分段浇筑法 concreting layer by layer and segment by segment

在拱架中浇筑大跨径拱圈（拱肋）时，为减轻拱架负荷，沿拱圈纵向分成若干条幅或上下分层的浇筑方法。

2.0.18 斜拉扣挂分环连续浇筑法 concreting under control of stress adjustment with a cable-stayed system

浇筑劲性骨架混凝土拱圈（拱肋）时，在拱圈（拱肋）适当位置选取扣点，用钢绞线作为扣索（斜拉索）连接于两岸设置的临时搭架，在混凝土浇筑过程中，根据各断面的应力情况对扣索进行张拉或放松，以实现从拱脚到拱顶连续浇筑混凝土的施工方法。

2.0.19 水箱压载平衡浇筑法 balanced concreting by water-ballast

浇筑劲性骨架混凝土拱圈（拱肋）时，在拱圈（拱肋）顶部布置水箱，随着混凝土面从拱脚向拱顶推进，根据拱圈（拱肋）变形和应力观测值，通过对水箱注水加载和放水卸载来实现对拱轴线竖向变形控制的施工方法。

2.0.20 索塔 cable bent tower

悬索桥或斜拉桥支承主索的塔形构造物。

2.0.21 桥涵顶进后背 tempory reaction suppor

在桥涵顶进施工中，承受顶进反力的临时结构物。

3 基本规定

3.0.1 从事市政基础设施桥梁工程施工的企业应具备相应的施工资质，施工人员应具备相应的资格。工程施工和质量管理应有相应的施工技术标准。

3.0.2 应建立、健全施工技术、质量、安全生产等管理体系，制定各项施工管理规定，并贯彻执行。

3.0.3 在开工前应编制实施性施工组织设计，对关键的分项、分部工程应分别编制专项施工方案（以下简称"专项方案"）；冬、雨期及高温期间施工还应编制相应的季节性施工方案；对危险性较大的分部分项工程，应按规定（北京市建委建质〔2009〕87号文）组织专家对专项方案进行论证。

施工组织设计、专项施工方案必须按规定程序审批后执行，有变更时要办理变更审批，并经审批程序批准后实施。

3.0.4 施工临时设施应根据工程性质、规模、环境等工程特点合理设置，并有总体布置方案。对不宜间断施工的项目，应有备用动力和设备。

3.0.5 施工与既有管线交叉时，应按设计文件核实管线位置与高程；发现矛盾时，应及时报告有关方面，应按设计要求处理；施工过程中对既有管线进行临时保护时，所采取的措施应征求有关单位意见。

3.0.6 桥梁工程所用的各种材料、构（配）件等产品，应符合设计要求和国家现行有关标准的规定。各种材料、产品均应具有合格证和技术性能检验报告。进场验收时应检查产品质量合格证、技术性能检验报告、使用说明书；进口产品应有商检报告及证件等，并按国家有关规定进行复验。

3.0.7 构（配）件等在运输、保管和施工过程中，应采取有效措施防止损坏、锈蚀或变质。使用前应复验，合格后方可使用。

3.0.8 用于施工中检查、验收使用的计量器具和检测设备，必须经计量检定、校准合格后方可使用。承担材料和设备检测的单位，应具备相应的资质。

3.0.9 桥梁工程测量放线应符合《市政基础设施测量技术规程》Q/BMG 101 的有关规定。

3.0.10 施工排降水、导流、围堰和基坑支护以及土方开挖应遵守《土方与地基施工技术规程》Q/BMG 102 的有关规定。

3.0.11 配制的混凝土、砂浆等原材料配合比和制备应符合《混凝土结构施工技术规程》Q/BMG 103 和《砌筑结构施工技术规程》Q/BMG 104 中的相关规定。

3.0.12 施工中应按合同文件规定的国家现行标准、规范和设计文件的要求进行施工过程与成品质量控制。桥梁工程施工质量控制应符合下列规定：

1 各分项工程应按照施工技术标准进行质量控制，每分项工程完成后，必须进行检验。

　　2 相关各分项工程之间，必须进行交接检验，所有隐蔽分项工程必须进行隐蔽验收，未经检验或验收不合格不得进行下道分项工程。

3.0.13 合同对结构表面有装饰或装修要求时，应遵守设计和国家现行有关标准的规定。

3.0.14 桥梁竣工后，结构功能应符合设计要求、表面平整、色泽均匀、棱角分明、线条直顺、轮廓清晰，满足景观要求。

4 施 工 准 备

4.0.1 工程施工合同签订后，项目经理部应及时索取工程设计图纸和相关技术资料，指定专人管理并公布有效文件清单。

4.0.2 项目经理部技术负责人应主持对设计图纸及相关技术资料的学习与审核，领会设计意图，掌握施工设计的要求，并应形成会审记录。施工图有疑问、差错时，应及时提出，如需变更设计，应按相应程序报审，经相关单位签证认定后实施。

4.0.3 项目经理部应依据设计文件和设计技术交底的工程测量的控制桩点进行复测。当发现问题时，应与设计方协商处理，并应形成记录。原测桩有遗失或变位时，应补钉校正。制定现场临时测控网布设方案，完成工程现场临时测控网（点）布设。

4.0.4 项目经理部应组织有关施工人员深入现场调查研究，了解、掌握下列情况和资料：

    1 地形地貌、工程地质和水文地质勘测资料。

    2 工程影响范围内地上与地下管线、杆线、房屋等建（构）筑物、河湖、绿化以及地下文物等详细情况。

    3 工程设计文件、施工验收标准、检测方法及手段。

    4 工程现场用地、交通运输、交通疏导等环境条件。

    5 供水、供电、原材料、劳动力、机械设备等资源供应情况。

    6 气象资料与现场排水环境条件。

    7 拆迁进展状况。

4.0.5 根据施工合同要求和相关技术标准、规范、规程的规定，结合工程实际情况，编制工程施工的关键工序与特殊施工过程等施工方案；编制实施性施工组织设计。

4.0.6 施工组织设计的主要内容应包括：编制依据；工程项目概况；工程项目施工目标；施工部署；进度计划；资源配置计划；主要施工方法与技术措施（包括新技术、新工艺、新材料、新设备应用和冬、雨期施工等措施）；施工总平面布置；安全措施；环保措施；交通组织；拆迁配合等。

4.0.7 项目部技术负责人在施工前应向施工人员讲解工程特点、设计要求、相关技术规范、规程要求及获得批准的施工方案，进行技术交底，并应形成纪录。

4.0.8 项目经理应按施工组织设计中关于工程分包和物资采购的规定，经招标程序选择并评价分包方和供应商，并应保存评价记录。

4.0.9 应根据施工组织设计确定的质量保证计划，确定工程质量控制的单位（子单位）、分部（子分部）、分项工程和检验批，报有关方面批准后执行，并作为施工质量控制的基础。

4.0.10 应对全体施工人员进行安全教育，组织学习安全管理规定，结合工程特点对现场作业人员进行安全技术培训，对特殊工种应选配具有资质的人员上岗，满足施工要求。并应保存培训记录。

4.0.11 应根据现场与周边环境条件、交通状况制定交通疏导或导行方案,报道路管理和交通管理部门批准后予以实施。当断路施工时,应修筑保证车辆、行人安全通行的便线、便桥。

4.0.12 依据当地政府的有关规定,结合工程特点、施工部署及计划安排,支搭施工围挡、搭建现场临时生产和生活设施,制定文明施工管理措施,搞好环境保护工作。

4.0.13 开工前,项目部应与施工现场所在地的地方政府、社区、社会单位建立联系,征求意见,开展社会联系工作,创造良好的施工环境。

4.0.14 施工前,对需使用的机具,应经检验、试运行,确认合格后方可使用。

4.0.15 使用起重机等机械,应避开高压线,保持安全距离。起重机、桩工等机械严禁在电力架空线路下方作业,吊装与载物等机械需在其一侧作业时,与电力架空线路的最小距离必须符合国家现行标准的相关规定。

5 扩大基础

5.1 基坑开挖

5.1.1 基坑开挖前应掌握基础的设计要求及基坑位置的工程和水文地质情况、基坑及其周边地上、地下建（构）筑物情况及交通情况等，据以确定施工方案和管线等加固或改移方案。

5.1.2 基坑周边与动荷载的距离，应根据基坑土质、深度、支护形式通过计算确定，雨期施工时，在基坑顶部四周应设高 300～500mm 的挡水墙（埝）。

5.1.3 位于河、湖、浅滩上的基础，施工时应设围堰。围堰应坚固、不渗漏、高出施工期间最高水位 500mm 以上。若采用土围堰，应采取防冲刷措施。围堰内的基坑中应设置集水井。

5.1.4 基础位于地下水位以下时，应根据土质和水位情况采取降水或基坑内集水井排水措施，将水位降至基础底面 500mm 以下。

5.1.5 基坑内地基承载力必须满足设计要求。基坑开挖完成后应会同有关方面验槽。当地基承载力不能满足设计要求时，应进行地基处理。

5.1.6 基坑验槽合格后，应复核基坑尺寸，并应及时进行基础施工，不得长期暴露。基底严禁扰动、受水浸泡和受冻。

5.1.7 基坑内有渗水时，应挖排水沟将水导至基础范围以外。渗水不易排干时，应视基底土质、含水量多少和基础结构情况采取处理措施。一般黏土基底，可换填 30～50mm 碎石；碎石、砂类土基底，可换填 100mm 厚碎石后浇筑混凝土基础，或在基底铺一层 250～300mm 片石后砌筑基础。

5.1.8 基底为未风化岩，应清除岩面上的松碎石块，岩面呈 15° 以上斜面时应凿成台阶状；基底为风化岩，且承载力不能满足设计要求时，应凿除至满足设计要求的坚实岩面。

5.1.9 当地基承载力不能满足设计要求或出现超挖、被水浸泡现象时，应报告监理工程师，会同设计人员研究处理措施，并在实施前结合现场情况，编制专项地基处理方案。

5.2 砌石基础

5.2.1 石料的品种、强度应符合设计要求。石料表面应清洁干净。

5.2.2 砌石基础尺寸和砌筑砂浆应符合设计要求。

5.2.3 底层块石应大面朝下坐浆铺砌，支垫稳固，用砂浆灌满空隙。

5.2.4 接砌上面的块石时，应用坐浆法分层砌筑，竖缝应错开，不得贯通。

5.2.5 墩、台同为砌石结构时，基础顶应预埋抗剪锚固石。锚固石嵌于基础和墩、台内的深度不宜小于100mm，总截面积应通过计算确定。

5.2.6 基础砌筑完成后应及时覆盖湿润养护，直到砂浆达到设计强度。

5.2.7 施工中尚应遵守《砌体结构施工技术规程》Q/BMG 104 的有关规定。

5.3 混凝土基础

5.3.1 基础的混凝土垫层强度应符合设计要求，表面应平整，其垫层实际顶面高程不得高于基础底面设计高程，平面尺寸设计无要求时应大于基础100mm以上。

5.3.2 混凝土垫层强度在达到2.5MPa后，方可行驶机动翻斗车等小型施工机械。冬期施工垫层混凝土需覆盖保温时，应在其强度达到《混凝土结构施工技术规程》Q/BMG 103 中规定的允许受冻强度后方可支模、绑扎钢筋。

5.3.3 模板、钢筋经检验、验收合格后方可浇筑混凝土。

5.3.4 基础混凝土宜从一端开始分层连续浇筑，上下两层前后错开距离宜保持1.5m左右。

5.3.5 基础面积过大，不能在底层混凝土初凝前完成上层混凝土浇筑时，可分块浇筑，分块应符合下列规定：

    1 分块宜合理布置，各分块平均面积不宜小于$50m^2$。

    2 每块高度不宜超过2m。

    3 块与块之间的竖向接缝面应与基础平面短边平行，与长边垂直。

    4 上下邻层间的竖向接缝面应错开位置，做成企口，并按施工缝处理。

5.3.6 在混凝土中埋放片石时应遵守下列规定：

    1 片石厚度不宜小于150mm，埋放数量不宜超过结构体积的25%。

    2 片石应无裂纹、无夹层，抗压强度不得低于混凝土强度，且不得低于30MPa。

    3 片石应分布均匀，彼此净距不小于100mm，距结构侧面和顶面的净距不得小于150mm；片石不得接触钢筋和预埋件。

    4 片石表面应清洗干净，应在捣实的混凝土中埋入1/2左右。

    5 受拉区混凝土中和环境温度低于0℃时，不得埋放片石。

5.3.7 基础体积较大时，高温期宜夜间浇筑，低温期间应及时覆盖保温以控制混凝土体内外温差不大于25℃为宜。

5.3.8 墩、台同为现浇混凝土结构时，基础顶面应按设计要求预留抗剪钢筋。

5.3.9 基础混凝土浇筑完成后，常温下应及时覆盖、湿润养护；环境温度低于5℃时应按冬期养护方案进行养护。

5.3.10 施工中尚应遵守《混凝土结构施工技术规程》Q/BMG 103 的有关规定。冬、雨期和高温期施工应遵守《混凝土结构施工技术规程》Q/BMG 103 的有关规定。

5.4 基 坑 回 填

5.4.1 基础施工完成后，肥槽应及时回填。回填前应清除基坑内积水、淤泥、杂物。

5.4.2 基坑在道路范围时，其回填技术要求应符合《道路工程施工技术规程》Q/BMG

105 的有关规定。回填涉及管线时，管线四周的填土压实度应符合《管道工程施工技术规程》Q/BMG 107 的有关规定。设计无压实度规定的旷野地区，回填土应分层填筑并压实，压实度不得低于 85%（重型击实标准）。

5.4.3 压实遍数应根据填料材质、压实度及所用机具设备确定。

5.4.4 施工中尚应遵守《土方与地基施工技术规程》Q/BMG 102 的有关规定。

6 沉入桩基础

6.1 一般规定

6.1.1 桩基施工场地应平整、坚实、无障碍物。

6.1.2 桩在进场前应进行检查验收，确认合格。

6.1.3 沉桩应根据桩的设计承载力、桩的质量、地质情况以及桩破坏应力的临界值等因素，选择沉桩设备和施工方法，并应遵守下列规定：

1 锤击沉桩适用于砂类土、黏性土。桩锤可选择单动汽锤、柴油机锤，当沉入桩数量少、入土深度小，在交通不便地区亦可使用落锤。

2 振动沉桩适用于砂类土、黏性土，对于密实的黏性土、砾石、风化岩沉桩效果较差。

3 射水沉桩是沉桩的辅助手段。在密实的砂土、碎石土、砂砾土层中用锤击法、振动沉桩法有困难时，可用射水沉桩配合施工。在黏性土中应慎用射水沉桩；在重要建筑物附近不宜采用射水沉桩。

4 静力压桩适用于软黏土（标准贯入度 $N < 20$）、淤泥质土。

5 钻孔埋桩适用于黏土、砂土、碎石土，且河床覆土较厚的情况。

6.1.4 沉桩施工应根据现场环境状况采取防噪声措施。在城区、居民区等人员密集的场所不得采用锤击沉桩施工。

6.1.5 当对桩基的质量发生疑问时，可采用无损探伤进行检验。

6.2 试 桩

6.2.1 大桥及地质情况复杂、施工难度大的桩基，为检验桩的承载能力和确定沉桩工艺宜进行试桩。试桩试验方法见附录 A。

6.2.2 试桩的单桩容许承载力（承压桩、承拔桩、承推桩）宜按下列方法确定：

1 承压桩容许承载力的确定方法如下：

1）采用承压静载试验得到的极限荷载，除以设计规定的安全系数作为单桩允许承载力。当设计要求限制桩顶沉降值时，可依据静载试验中 P-S 曲线，按设计允许沉降值取其对应荷载作为单桩容许承载力。

2）根据沉入桩的贯入度，选用适当的动力公式计算单桩容许承载力。

3）可采用动力振动波法，如水电效应法、机械阻抗法、低应变的桩基参数动测法、高应变的锤击贯入法、重锤动荷载法，估算单桩容许承载力。

4）采用静力触探的经验公式估算单桩容许承载力。

2 承拔桩和承推桩，应采用静拔试验和静推试验确定容许承拔力和承推力。

6.2.3 地质复杂的大桥、特大桥宜采用静载试验的方法确定单桩承载力，其他桥梁可采用动力公式推算单桩承载力。

6.3 桩 的 制 作

6.3.1 钢筋混凝土桩和预应力混凝土桩的制作除应遵守《混凝土结构施工技术规程》Q/BMG 103 的有关规定外，尚应遵守下列规定：

　　1 桩在现场预制时，预制场地应符合本规程第 11.3 节有关要求。

　　2 钢筋混凝土桩的主筋，宜采用整根钢筋；如需接长，宜采用闪光对焊。主筋与箍筋或螺旋筋应连接紧密，交叉处应用点焊或钢丝绑扎牢固。

　　3 预应力混凝土桩宜采用先张法施工。当桩需用法兰盘连接时，应先将预应力钢筋焊接在法兰盘上，再进行张拉。

　　4 预应力混凝土桩的预应力钢筋在长线台座上张拉后不能及时浇筑混凝土时，应将已张拉好的预应力筋放松到张拉力的 70%，待浇筑混凝土前，再张拉到 100%。

　　5 混凝土的坍落度宜为 40~60mm，宜由桩顶向桩尖连续浇筑，中间不得中断，不得留工作缝。

　　6 用重叠法浇筑钢筋混凝土桩时应符合本规程第 11.3 节的有关要求，且重叠层数不宜超过 4 层。

6.3.2 钢桩截面可采用管形和 H 形，其材质、规格、尺寸应符合设计要求。钢桩宜在工厂分段制作，分段长度宜为 12~15m。钢桩制作和拼接应符合本规程第 13 章有关规定。

6.3.3 桩的吊运和堆放应遵守下列规定：

　　1 钢筋混凝土桩和预应力混凝土桩起吊强度应满足设计要求；当设计无规定时，应达到设计强度的 75% 方可起吊、移位，达到设计强度的 100% 方可运输。

　　2 桩的吊点应符合设计规定。

　　3 堆放场地应平整、坚实、排水通畅。

　　4 桩的两端应有防撞保护措施。

　　5 混凝土桩的支点应与吊点上下对准，堆放不宜超过 4 层。

　　6 钢桩的支点应布置合理，防止变形，堆放不得超过 3 层。钢管桩应采取防止滚动措施。

6.3.4 钢桩防腐应符合设计要求，并遵守下列规定：

　　1 防腐前应除锈，达到出现金属光泽，表面无锈蚀点。

　　2 钢桩位于河床局部冲刷线以下 1.5m 至承台底面上 50~100mm 部分，应进行防腐处理。

　　3 钢桩拼装接口应在接口焊接后防腐。

　　4 运输、起吊沉桩过程中，防腐被破坏时应及时修补。

6.4 沉 桩

6.4.1 沉桩应遵守下列规定：

1 排架桩及数量不多的基桩沉桩应从中间向两侧进行，或由一端向另一端进行。

2 对大量的基础桩，应将桩基分为若干段，逐段进行沉桩。每段沉桩应由中间向两侧进行或由内向外进行。

3 在黏土质地区沉入群桩时，在每根桩下沉完毕后，应测量其桩顶标高；待全部沉桩完毕后再测量各桩顶标高，检查桩顶是否有隆起现象，若有隆起现象应与设计人员商定处理措施。

4 在软塑黏土质地区或松散的砂土质地区沉入群桩时，若在相当于桩长的范围内有建筑物，应防止地面隆起或下沉造成对建筑物的破坏。

6.4.2 桩的连接应遵守下列规定：

1 桩的连接形式应符合设计规定。

2 桩的连接接头强度不得低于该截面的总强度。

3 钢桩焊接接头使用的焊接材料应符合设计规定。钢桩现场拼接时应多层施焊，及时清渣，每层焊缝接口应错开。接头焊缝应全部进行外观检查，并有 5% 且不少于 3 个接头进行超声波检查。

4 混凝土桩采用法兰盘连接时，上下法兰盘间宜用石棉板垫衬，螺栓应拧紧并施焊固定；采用预埋钢板焊接连接时，上下钢板间应用铁件填实焊牢，焊接过程中应防止变形。

5 在一个墩、台桩基中，同一水平面内的桩接头数不得超过基桩总数的 1/4，采用按等强度设计的接头，如法兰盘连接不受此限制。

6.4.3 锤击沉桩应遵守下列规定：

1 混凝土预制桩达到设计强度后方可沉桩。

2 锤击桩应设置桩帽。桩帽与桩四周的间隙应为 5~10mm。桩锤与桩帽、桩帽与桩顶之间均应设置弹性材料（硬杂木、麻袋）衬垫。一般锤与桩帽间的衬垫厚 200~300mm，桩帽与桩顶间的衬垫厚 100mm 左右。衬垫破坏时应及时更换。

3 当沉桩的桩顶标高低于落锤的最低标高时，应设送桩，其强度不得小于沉桩的设计强度。送桩应与桩锤、桩身在同一轴线上。送桩可用木桩或钢桩。

4 锤型应根据地质情况、桩的类型、设计单桩承载力和施工条件进行选择，见附录 B。

5 开始沉桩时应控制桩锤的冲击能，低锤慢打。用落锤，单动汽锤时，落距不得大于 500mm；柴油锤可不提供燃料仅作控制性单次锤击（吊起桩锤脱钩）；双动汽锤宜少开汽门，减少每分钟锤击次数。

6 当桩入土一定深度后，可按要求落距和正常锤击频率进行。当使用落锤时最大落距不得超过 2m，采用单动汽锤最大落距不得大于 1m，采用柴油锤时，应使锤芯冲程正常。

7 锤击沉桩的最后贯入度，柴油锤宜为 1~2mm/每击，蒸汽锤宜为 2~3mm/每击。

8 沉 H 形钢桩时，不宜采用大于 4.5t 级柴油锤。在沉桩过程中应采取防止桩横向失稳的措施。

9 停锤应符合下列要求：

1) 桩端位于黏性土或较松软土层时，应以标高控制，贯入度作为校核。如桩沉至设计标高，贯入度仍较大时，应继续锤击，其贯入度控制值应由设计确定。

2）桩端位于坚硬、硬塑的黏土及中密以上的粉土、砂、碎石类土、风化岩时，应以贯入度控制。当硬层土有冲刷时应以标高控制。

3）贯入度已达到要求，而桩尖未达到设计标高，应在满足冲刷线下最小嵌固深度后，继续锤击3阵（每阵10锤），贯入度不得大于设计规定的数值，或与设计、监理协商确定。

10　在沉桩过程中发现以下情况应暂停施工，并研究措施进行处理。

1）贯入度发生巨变；

2）桩身发生突然倾斜、位移或有严重回弹；

3）桩头或桩身破坏；

4）地面隆起；

5）桩身上浮。

6.4.4　振动沉桩应遵守下列规定：

1　采用振动沉桩法施工，应考虑振动对周围环境的影响，并应验算振动上拔力对桩结构的影响。

2　开始沉桩时应以自重下沉或射水下沉，待桩身稳定后再用振动下沉。

3　每根桩的沉桩作业，应一次完成，中途不宜停顿过久，防止土的静摩阻恢复，继续下沉困难。

4　振动持续时间的长短，应根据不同振动锤和土质经试验确定，宜为 5～10min。

5　在沉桩过程中如发生第6.4.3条第10款的情况或机械故障应即暂停，查明原因经采取措施后，方可继续施工。

6.4.5　射水沉桩应遵守下列规定：

1　在砂类土、砾石土和卵石土层中采用射水沉桩，应以射水为主；在黏性土中采用射水沉桩，应以锤击为主；在湿陷性黄土中采用射水沉桩应符合设计规定。

2　当桩尖接近设计高程时，应停止射水进行锤击或振动下沉，桩尖进入未冲动的土层中的深度应根据沉桩试验确定，一般不得小于2m。

3　采用中心射水沉桩，应在桩垫和桩帽上，留有排水通道，降低高压水从桩尖返入桩内的压力。

4　射水沉桩应根据土层情况，选择高压泵压力和排水量。

6.4.6　采用预钻孔沉桩施工时，当钻孔直径小于桩径或对角线时，钻孔深度宜为桩长的1/3～1/2，沉桩应按第6.4.3条第9款规定停锤。

6.4.7　桩的复打应遵守下列规定：

1　在"假极限"土中的桩、射水下沉的桩、有上浮的桩均应复打。

2　复打前"休息"天数应符合下列要求：

1）桩穿过砂类土，桩尖位于大块碎石类土、紧密的砂类土或坚硬的黏性土，不得少于1昼夜；

2）在粗中砂和不饱和的粉细砂里不得少于3昼夜；

3）在黏性土和饱和的粉细砂里不得少于6昼夜。

3　复打应达到最终贯入度小于或等于停打贯入度。

7 灌注桩基础

7.1 钻孔灌注桩

7.1.1 钻孔场地应符合下列规定:

1 在旱地上,应整平场地,遇软土应进行处理。

2 在浅水中,宜用筑岛法施工,筑岛面积应按桩位布置、施工方法、钻孔设备等要求确定。

3 在深水中,应搭设固定式或浮动式平台,平台结构应经施工设计确定,支搭应牢固稳定。

7.1.2 钻孔需泥浆护壁时应在孔口埋设护筒,并遵守下列规定:

1 护筒应符合下列要求:

1) 护筒可用钢或混凝土制作,应坚实、不漏水,且内壁光滑、无突起。

2) 筒壁厚度可根据桩径、埋深及护筒埋设方法确定。护筒壁厚,钢护筒宜为 4 ～ 8mm,混凝土护筒宜为 80～100mm。

3) 护筒内径,当使用旋转钻时宜比钻头直径大 200mm,使用冲击钻机时宜大 400mm。

2 埋设护筒应符合下列要求:

1) 护筒顶面应高出施工期间河、湖最高水位或地下水位 2m,在旱地上钻孔尚应高出地面 300mm。

2) 在岸滩上的护筒埋设深度:黏性土、粉土中不宜小于 1.5m;砂性土不得小于 2m,且护筒四周和底部 500mm 内宜换填黏性土并分层夯实。

3) 水中筑岛埋护筒时,护筒应埋入河床以下 1m 左右。

4) 深水桩基的长护筒应沉入河床局部冲刷线以下一定深度,对于黏性土不得小于 1.5m;细砂或软土不得小于 4m。

5) 护筒中心线与桩中心线偏差不得大于 50mm,竖向倾斜度不得大于 1%。

7.1.3 钻孔需泥浆护壁时应设泥浆池,并储备足够数量的制浆材料。泥浆需循环使用时,应设储浆池。现场应设泥浆沉淀池,泥浆经沉淀净化后方可排放。不宜在地面砌筑泥浆池,宜采用钢制泥浆池。

7.1.4 护壁泥浆宜用黏土或用膨润土、纯碱与水搅拌而成,采用聚合物泥浆时,原材料必须符合环保要求。泥浆在不断循环使用过程中应加强管理,保持泥浆的性能符合要求。泥浆性能指标应符合表 7.1.4 的规定。

7.1.5 成孔设备(方法)可参考表 7.1.5 进行选择。

表 7.1.4　泥浆性能指标要求

钻孔方法	地层情况	泥浆性能指标							
		相对密度	黏度 (Pa·s)	静切力 (Pa)	含砂率 (%)	胶体率 (%)	失水量 (mL/30min)	酸碱度 (pH 值)	泥皮厚度 (mm/30min)
正循环回转钻机	黏性土	1.05~1.20	16~22	1.0~2.5	<4	>96	<25	8~10	≤2
	砂土、碎石土、卵石、漂石	1.2~1.45	19~28	3~5	<4	>96	<15	8~10	≤2
旋挖、冲击、冲抓钻机	黏性土	1.10~1.20	18~24	≤3	≤4	>95	<20	8~11	≤3
	砂土、碎石土	1.2~1.4	22~30	≤3	≤4	>95	<20	8~11	≤3
反循环回转钻机	黏性土	1.02~1.06	16~20	1~2.5		>95	≤20	8~10	≤3
	砂土	1.06~1.10	18~28	1~2.5		>95	≤20	8~10	≤3
	碎石土	1.10~1.15	20~35	1~2.5		>95	≤20	8~10	≤3

注：1　地下水位高或其流速大时，指标取高限，反之取低限。
2　地质较好，桩孔径或孔深较小的，指标取低限。
3　孔壁泥皮厚度除正循环旋转冲击的砂类土等应不大于 2mm 外；其余均应不大于 3mm。
4　用推钻、冲抓、冲击的方法钻进时，可将黏土碎块投入孔内，由钻锥自行造浆固壁。
5　若当地缺乏优质黏土，不能调出合格泥浆时，可掺用掺加剂以改善泥浆性能。
6　在不易坍塌的黏性土层中，使用旋挖、冲抓、反循环回转方法钻进时，可用清水提高水头（≥2m）维护孔壁。
7　对遇水膨胀或易坍塌的地层如泥页岩，其失水量应小于（3~5）mL/30min。
8　相对密度是泥浆密度与 4℃纯水密度之比（过去称为比重）。

表 7.1.5　各种成孔机具（方法）的适用范围

编号	成孔机具（方法）	适用范围			
		土层	孔径（cm）	孔深（m）	泥浆作用
1	机械旋挖钻机	细粒土、砂及粒径小于 10cm，含量小于 30% 的卵石土	80~200	40~70	护壁
2	正循环回转钻机	细粒土、砂、砾石、卵石粒径小于 2cm，含量小于 20% 的卵石土、软岩	80~250	30~100	悬浮钻渣并护壁
3	反循环回转钻机	细粒土、砂、卵石粒径小于钻杆内径 2/3，含量小于 20% 的卵石土、软岩	80~300	泵吸<40，气举 100	护壁
4	正循环潜水钻机	淤泥、细粒土、砂土、卵石粒径小于 2cm，含量小于 20% 的卵石土	80~150	50	悬浮钻渣并护壁
5	反循环潜水钻机	同编号 3	80~150	泵吸<40，气举 100	护壁
6	全护筒冲抓和冲击钻机	各类土层	80~200	30~40	不需泥浆护壁
7	冲抓锥	淤泥、细粒土、砂土、砾石、卵石	60~150	30~50	护壁
8	冲击实心钻	各类土层	80~200	100	短程悬浮钻渣并护壁
9	冲击管钻	细粒土、砂土、砾石、松散卵石	80~150	100	悬浮钻渣并护壁

续表

编号	成孔机具（方法）	适用范围			
		土　　　层	孔径（cm）	孔深（m）	泥浆作用
10	长短螺旋钻机	地下水位以上的细粒土、砂土、砾类土	长螺旋 30~80	26	不需泥浆
			短螺旋钻 150	20	

注：1　土的名称按照现行《公路土工试验规程》JTG E40 的规定。
　　2　单轴极限抗压强度小于 30MPa 的岩石称软岩，大于 30MPa 的称硬岩，小于 5MPa 的称极软岩。
　　3　正反循环（包括潜水钻机）附装坚硬牙轮钻头，可钻抗压强度达 100MPa 的硬岩。
　　4　表中所列各种成孔机具（方法）适用的成孔直径和孔深，系指国内一般条件下的适用范围，随着钻孔设备的不断改进，设备扭矩增强，辅助设施提高，成孔直径和孔深的范围将逐渐增大。

7.1.6　钻孔应遵守下列规定：

1　安装钻机时，底座应水平、支垫稳固，机架应垂直，钻头或钻杆中心与桩位的偏差不得大于 50mm。钻孔过程中应经常检查，防止出现钻机位移、沉陷、偏斜。

2　钻孔时，孔内水位宜高出护筒底脚 500mm 以上或地下水位以上 1.5~2m；冲击钻钻孔时，掏渣后，应及时向孔内补水，保持水头高度。

3　钻孔时，起、落钻头速度应均匀，不得过猛或骤然变速。孔内出土不得堆积在钻孔周围。

4　钻孔过程中，应经常检查钻渣并与地质剖面图核对，发现异常应及时纠正钻进方法，并采取相应措施；应经常检查泥浆相对密度，并及时调整，确保泥浆质量符合要求。

5　钻孔中出现坍孔、偏斜、卡钻等故障，应立即停钻，并将钻具提至孔外，保持孔内水头。查明原因并采取针对性措施处理后，方可继续施钻。一般坍孔应加大泥浆稠度；孔偏斜应校正钻机；发生严重坍孔与偏斜应回填（黏土、砂砾）重钻；发生卡钻时不得强提，应先使钻锤松动再提出。

6　钻孔至设计标高后，应对孔径、孔深进行检查，确认合格后即进行清孔。

7.1.7　清孔应遵守下列规定：

1　清孔时，必须注意保持孔内水头，防止坍孔。

2　清孔后应从钻孔中提出泥浆试样进行性能指标试验，试验结果应符合下列要求：

1）泥浆相对密度为 1.03~1.10；

2）黏度应为 17~20Pa·s；

3）含砂率应 <2%；

4）胶体率应 >95%。

3　清孔后的沉渣厚度应符合设计要求。

4　在吊入钢筋骨架后，灌注水下混凝土之前，应再次检查孔底沉渣厚度，如超过规定，应进行第二次清孔，符合要求后方可灌注水下混凝土。

5　清孔方法应根据设计要求、钻孔方法、机具设备和地层情况确定：

1）掏渣法适用于冲击钻孔和冲抓钻孔的摩擦桩清孔；

2）换浆法适用于正、反循环钻机成孔的摩擦桩清孔；

3）抽浆法适用于各种方法钻孔的摩擦桩和端承桩清孔；

4）喷射（水或风）法宜配合换浆法、抽浆法清孔，并适用于灌注水下混凝土前二次清孔。

7.1.8 钢筋笼制作与安装应遵守下列规定：

1 钢筋笼主筋与箍筋应全部连接牢固，并应每隔 2～2.5m 设直径 D_1 小于 12mm 的钢筋箍加固一道。其制作应符合《混凝土结构施工技术规程》Q/BMG 103 的有关规定。

2 长钢筋笼宜分段制作，分段长度以吊装状态下不变形为原则并根据吊装条件确定。分段制作的钢筋笼宜分段安装。两段连接时，相邻主筋接头位置错开距离和搭接长度应符合《混凝土结构施工技术规程》Q/BMG 103 第 5 章有关规定。

3 钢筋笼上应设置吊环。

4 在钢筋笼的箍筋上应安装环形垫块，其直径应符合设计规定的保护层厚度要求。垫块间距竖向宜为 2m，圆周不得少于 4 处。

5 钢筋笼宜采用起重机吊装也可采用钻机的钻架或起重架吊装。

6 吊装钢筋笼时宜采取临时加固措施，防止变形、开焊。

7 钢筋笼吊放入孔时，不得刮碰孔壁。

8 钢筋笼安装时应用桩位控制桩控制就位。就位后应对钢筋笼采取固定措施，确保其位置、高程正确。

7.1.9 灌注水下混凝土设备应符合下列规定：

1 导管应符合下列要求：

1）钢制导管可用厚 4～5mm 的钢板卷制焊接而成，也可用无缝钢管制作。导管内径一般为 250～300mm，可分节预制。底部的一节长 4～6m，中间节长 2.0m，与漏斗连接的辅助管节为 0.5m，1.0m 各一节。

2）导管一般用法兰连接、螺纹连接或卡口连接。

3）导管制作前应进行设计，根据孔深计算可能承受的最大压力，以确定钢板厚度和焊缝强度，以及导管的连接设计。

4）导管制成后（或使用前），应进行水密、承压和接口抗拉性能试验。水密性试验的水压应不小于孔内水深 1.3 倍压力；承压试验的压力应不小于管壁可能承受灌注混凝土时最大内压力的 1.3 倍，导管可能承受到的最大内压力 p 可按下式计算：

$$p = \gamma_c h_c - \gamma_w H_w \tag{7.1.9}$$

式中 p——导管可能承受到的最大内压力（kPa）；

γ_c——混凝土拌合物的重度（24kN/m³）；

h_c——导管内混凝土柱最大高度（m）；

γ_w——井孔内水或泥浆的重度（kN/m³）；

H_w——井孔内水或泥浆深度（m）。视桩径大小而定；每节长度宜为 2m。

5）导管试拼后应编号并标明导管自下端向上的累积尺度，连接后的导管轴线偏斜不得超过其长度的 1/1000。

2 漏斗和储料斗应符合下列要求：

1）漏斗可用 2～3mm 的钢板焊接而成，一般为圆锥形，上口直径 800mm，高 900mm。

2）漏斗下口与导管连接，上口与储料斗连接。

3）漏斗和储料斗的容积不得小于首批灌注混凝土的数量。

    3 在开始浇筑混凝土时,应在漏斗底口设置可靠的隔水设施,可采用隔水栓或板式闸门。

    4 悬吊导管的设备能力应考虑导管及导管内的混凝土总质量,以及导管内、外壁与混凝土的摩阻力,并有一定的安全储备。

7.1.10 导管就位时下口至孔底的距离应为 200～400mm。漏斗底部高度应据首批混凝土灌注后,导管内混凝土柱需平衡管外水或泥浆压力所需高度确定,且在桩顶低于孔中水面情况下,漏斗底部应高出水面 4m;在桩顶高于孔中水面情况下,漏斗底应高于桩顶 4m。

7.1.11 水下混凝土配制应遵守下列规定:

    1 水泥一般应选用硅酸盐水泥、普通硅酸盐水泥,也可选用矿渣水泥、火山灰水泥、粉煤灰硅酸盐水泥等。水泥强度等级不宜低于 42.5 级,初凝时间不宜小于 2.5h。使用矿渣水泥时应采取防离析措施。

    2 粗骨料宜优先选用卵石,当采用碎石时,可适当增加砂率,粒径不得大于导管内径的 1/6～1/8 和钢筋间距的 1/4,且不得大于 40mm。

    3 混凝土的砂率宜为 40%～50%;水灰比宜为 0.5～0.6;水泥用量不宜小于 350kg/m³,在掺有减水剂和粉煤灰的情况下水泥用量不得小于 300kg/m³。

    4 混凝土坍落度宜控制在 180～220mm。

    5 混凝土的配制强度应比设计强度提高 10%～20%。

7.1.12 水下混凝土灌注应遵守下列规定:

    1 钢筋笼、导管就位后,应再次检查孔底沉淀层厚度,确认符合设计要求,否则应进行二次清孔,使其符合要求。

    2 首批混凝土的数量应能满足导管埋入混凝土深度不小于 1m,混凝土数量可按下式计算:

$$V \geqslant \frac{\pi D^2}{4}(H_1 + H_2) + \frac{\pi d^2}{4} h_1 \qquad (7.1.12\text{-}1)$$

式中 V——灌注首批混凝土所需数量(m³);

      D——桩孔直径(m);

      H_1——桩孔底至导管底端距离,一般为 0.4m;

      H_2——首批混凝土灌注后导管的埋置深度,一般 ≥1m;

      d——导管内径(m);

      h_1——桩孔内混凝土将导管埋入深度 H_2 时,导管内混凝土柱需平衡管外水或泥浆压力所需的高度(m),h_1 按下式计算:

$$h_1 = \frac{H_w \gamma_w}{\gamma_c} \qquad (7.1.12\text{-}2)$$

式中 H_w——井孔内水或泥浆深度(m);

      γ_w——井孔内水或泥浆容重(kN/m³);

      γ_c——混凝土拌合物容重(kN/m³)。

    3 首批混凝土拌合物下落后,混凝土应连续灌注。

    4 灌注过程中应采取防止钢筋骨架上浮的措施,并随时探测导管埋置深度,及时提

升导管，导管埋置深度不宜超过 6m，提升后的埋置深度不宜
小于 2m。

  5 灌注桩顶应比设计高出 0.5~1m。

  6 混凝土全部灌注时间不得超过首批混凝土的初凝时间。

  7 灌注过程中，孔内溢出的水或泥浆应引至适当地点处
理后排放。

  8 灌注中发生故障时，应查明原因，及时处理。如导管
进水应拔出导管和钢筋笼重新清孔；导管阻塞应用长杆冲捣或
抖动导管使混凝土下落；埋管、卡管不易拔出时应晃动导管，
用工具缓慢提升，不得强提，防止拔出混凝土面；塌孔则提出
导管和钢筋笼，回填重钻。

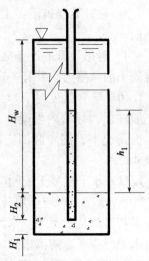

图 7.1.12 首批混凝土的数量计算

7.1.13 两桩基外径净距小于 5m 时，不得同时施工。

7.1.14 拆、拔护筒应遵守下列规定：

  1 处于地面以下或桩顶以下的整体护筒在混凝土灌注完
成后应立即拔出。

  2 处于地面以上能拆卸的护筒，须待混凝土强度达到 5MPa 时方可拆除。

  3 使用全护筒时，应随灌注混凝土逐步提升护筒，提升后护筒内剩余的混凝土厚度
不应小于 1.0m，直至混凝土灌注完成后全部拔出。

7.2 人工挖孔灌注桩

7.2.1 人工挖孔桩应在无法采用机械成孔或其他特殊条件下使用的桩基成孔方法；城市
桥梁工程不宜常用。人工挖孔灌注桩适用于无地下水，且较密实的土层或风化岩层。桩径
（不含护壁）不得小于 800mm，桩深不宜超过 25m。

7.2.2 人工挖孔桩应采取强度等级不低于 C20、厚度不小于 100mm 的混凝土护壁，护壁
内应配置环向和竖向钢筋，上、下层护壁应用钢筋拉结。

7.2.3 人工挖孔桩应按施工设计规定分层开挖，必须每挖一层，立即进行护壁。严禁超
规定深度开挖，补作或不作护壁。

7.2.4 两桩净距小于 5m 时，不得同时施工。正在挖孔施工的桩周围 5m 范围内不得通行
机动车辆。

7.2.5 人工挖孔施工必须随时检测孔内空气质量，确认氧气浓度和有害气体浓度符合现
行《环境空气质量标准》GB 3095 规定，如超过规定或挖孔深度超过 5m，应采取强制通
风措施。

7.2.6 孔口应设护栏。不得在孔口四周 1m 范围内堆土。

7.2.7 挖孔现场应设围挡，非施工人员不得入内。夜间不得进行挖孔施工。

7.2.8 成孔后应验孔，确认孔底的地质水文情况、高程、孔径和垂直度符合设计要求，
验收合格后方可下钢筋笼、灌注混凝土。混凝土施工应遵守《混凝土结构施工技术规范》
Q/BMG 103 的有关规定。

7.3 混凝土承台

7.3.1 承台施工前应检查基桩位置，确认符合设计要求。

7.3.2 在基坑无水情况下浇筑钢筋混凝土承台，宜在承台结构下先浇筑 100mm 厚混凝土垫层。如基坑有积水应先排除，渗水不易排干时，基底可铺 100mm 厚碎石，并浇筑 50～100mm 厚混凝土垫层。碎石和混凝土垫层不得侵占结构。

7.3.3 承台混凝土宜连续浇筑。分块浇筑，接缝应按施工缝处理。

7.3.4 水中高桩承台采用套箱法施工时，套箱应架设在可靠的支承上，并具有足够的强度、刚度和稳定性。套箱顶面高程应高于施工期间的最高水位。套箱应拼装严密，不漏水。套箱底板与基桩之间缝隙应堵严。套箱下沉就位后，应及时浇筑水下混凝土封底。

7.3.5 混凝土施工尚应遵守《混凝土结构施工技术规程》Q/BMG 103 的有关规定。

8 沉井基础

8.1 沉井制作

8.1.1 沉井制作前应做好下列准备工作：

1 按施工方案要求，进行施工平面布置，根据设计图纸定出沉井中心桩，轴线控制桩，基坑开挖深度及边坡；

2 当沉井施工影响附近建（构）筑物、管线或河岸设施时，应采取控制措施，并应进行沉降和位移监测，测点应设在不受施工干扰和方便测量的位置；

3 基坑开挖应分层有序进行，保持平整和疏干状态。

8.1.2 沉井制作时应将原地面平整、压实。当地下水位较低时，可开挖基坑至地下水位以上 0.5~1.0m，在平整后的基底上制作沉井。

8.1.3 制作沉井的地基应具有足够的承载力，当地基承载力不能满足沉井制作阶段的荷载时，除对地基进行加固等措施外，刃脚的垫层可采用砂垫层上铺垫木或素混凝土，且应符合下列要求：

1 垫层的结构厚度和宽度应根据土体地基承载力、沉井下沉结构高度和结构形式，经计算确定；对于素混凝土垫层，其厚度还应便于沉井下沉前的凿除；

2 砂垫层分布在刃脚中心线的两侧范围，应考虑方便抽除垫木；砂垫层宜采用中粗砂，并应分层铺设、分层夯实；

3 垫木铺设应使刃脚底面在同一水平面上，并符合设计起沉标高的要求；平面布置要均匀对称，每根垫木的长度中心应与刃脚底面中心线重合，定位垫木的布置应使沉井有对称的着力点；

4 采用素混凝土垫层时，其强度等级应符合设计要求，表面平整。

8.1.4 在浅水中或可能被淹没的旱地、浅滩制作沉井应筑岛并应遵守下列规定：

1 筑岛顶面标高应高于施工期间的最高水位 500~700mm，当有水流时，应适当加高。

2 筑岛的平面尺寸，应满足沉井制作及抽垫等施工要求。无围堰筑岛一般应在沉井周围设置不小于 2m 的护道，临水面坡度宜为 1:1.75~1:3.00。有围堰筑岛时，沉井外缘距围堰的护道宽度 b 应满足公式（8.1.4），且不得小于 1.5m；当不能满足时，应考虑沉井重力对围堰产生的侧压力。

$$b \geqslant H\tan\left(45° - \frac{\varphi}{2}\right) \tag{8.1.4}$$

式中　b——护道宽度（m）；

　　　H——筑岛高度（m）；

φ——筑岛用土含水饱和时的摩擦角。

3 筑岛材料应以透水性好、易于压实和开挖的无大块颗粒的砂土或碎石土。

4 筑岛应考虑水流冲刷对岛体稳定性的影响，并采取加固措施。

5 在斜坡上或在靠近堤防两侧筑岛时，应采取防止滑移的措施。

8.1.5 沉井的结构、尺寸、材质应符合设计要求，其钢筋加工、模板、混凝土施工应符合《混凝土结构施工技术规程》Q/BMG 103 的有关规定。

8.1.6 沉井模板还应符合下列规定：

1 沉井的侧模应采用钢模，刃脚外模周边尺寸应略大于沉井外壁。

2 刃脚模板应支撑在垫木上。刃脚部位采用土内模时，宜用黏性土填筑，土模表面应抹 20~30mm 的水泥砂浆，砂浆层表面应涂隔离剂。

3 井壁模板的对拉杆采用套管螺栓时，在抽出螺栓后，应填塞严实，不得渗水。

8.1.7 制作沉井时，应在沉井刃脚下设置垫木，垫木应采用方木，其材质、尺寸和数量应能承受沉井制作过程中全部压力，垫木间应填粗砂找平，垫木顶面应与沉井钢刃脚贴紧，在内隔墙与井壁连接处，垫木应连成整体。

8.1.8 沉井可分节制作，分节制作沉井时还应符合下列规定：

1 每节制作高度应符合设计及施工方案要求，且第一节制作高度必须高于刃脚部分；当井内设有底梁或支撑梁时应与刃脚部分整体浇捣；

2 当设计未规定时，混凝土强度应达到设计强度等级 75% 后，方可浇筑后节混凝土；

3 混凝土施工缝处理应符合设计要求，可采用凹凸缝或设置钢板止水带，施工缝应凿毛并清理干净；内外模板采用对拉螺栓固定时，其对拉螺栓的中间应设置防渗止水片；钢筋密集部位和预留孔底部应辅以人工振捣，保证结构密实；

4 沉井每次接高时各部位的轴线位置应一致、重合，及时做好沉降和位移监测；必要时应对刃脚地基承载力进行验算，并采取相应措施确保地基及结构的稳定；

5 分节制作、分次下沉的沉井，当前次下沉后进行后续接高施工时：

1）应验算接高后稳定系数等，并应及时检查沉井的沉降变化情况，严禁沉井在接高施工过程中发生倾斜和突沉；

2）后续各节的模板不应支撑于地面上，应距地面 1m。

8.1.9 分节高度应以保证其稳定性，又有适当的重力克服摩阻顺利下沉为原则来确定。底节沉井的最小高度应能满足拆除支垫时竖向挠曲强度要求。每节高度不宜小于 3m。沉井全高小于 7m，在地基承载力允许条件下，宜不分节，一次完成混凝土浇筑。

8.1.10 沉井混凝土强度达到 25% 时，方可拆除侧模；混凝土强度达 75% 时方可拆除刃脚模板或浇筑后节混凝土。

8.2 沉井入土下沉

8.2.1 底节沉井下沉前应先抽出垫木，并遵守下列规定：

1 抽垫时混凝土强度应满足设计规定。

2 抽垫应分区、依次对称、同步进行，抽出垫木后应用砂性土回填、捣实，抽垫时应防止沉井偏斜。

3 定位支垫处的垫木应按设计要求程序最后同时抽出。

8.2.2 正常下沉时应自中间向刃脚处均匀对称除土。随时注意正位，保持竖直下沉，每下沉1m应至少检查一次，随时调整倾斜和位移。

8.2.3 沉井下沉中，应控制各井室间的土面高差，防止下沉中发生倾斜，并避免内隔墙底部受到土层的顶托。

8.2.4 弃土不得靠近沉井，避免对沉井产生偏压。在水中下沉时，应注意河床因冲淤产生的高差，必要时可用外弃土调整。

8.2.5 沉井应连续下沉，尽量减少中途停顿时间，增加下沉阻力。下沉困难时，可采用高压射水、泥浆套、空气幕、压重等措施辅助下沉。

8.2.6 沉井下沉至设计标高以上2m左右时，应放慢下沉速度并控制井内除土量和除土位置，以使沉井平稳下沉，正确就位。

8.2.7 下沉中遇到孤石采用爆破方法或静力破碎方法排除时，必须采取措施防止沉井结构受到损坏，并遵守现行《爆破安全规程》GB 6722的有关规定。

8.2.8 排水下沉应遵守下列规定：

1 排水下沉适用于渗水量小、土质稳定的地层。有涌水翻砂的地层，不宜采用排水下沉。

2 排水下沉可采用人工或机械开挖土方。

3 遇坚硬土质，应先分层开挖刃脚附近土方，待沉井下沉后再开挖沉井中间土方。

4 遇松软土质，宜由沉井中间向刃脚分层对称开挖，当接近刃脚时部分土方被挤出，沉井逐渐下沉。

8.2.9 不排水下沉应遵守下列规定：

1 不排水下沉适用于地下水位高、渗水量大、土质不稳定的地层，如细砂、粉砂、砂砾石层。

2 不排水下沉应根据土质和井深等因素选用吸泥机或抓斗除土。

3 除土应在井内对称均匀进行，除土最大深度不宜低于刃脚2m。遇松软土质不可在刃脚处直接除土，防止不均匀下沉。

4 通过粉砂、细砂等不稳定土层时，应保持井内水头高于井外1~2m，以防流砂涌入井内，引起沉井倾斜。

8.2.10 采用高压射水辅助下沉应遵守下列规定：

1 射水管出水口应高于刃脚的顶部。

2 当沉井中除土深度距刃脚端部达2m，刃脚外围土层仍不坍塌时，宜采用水平射水冲击刃脚外围土体。

3 高压射水压力宜为1~2.5MPa。

8.2.11 采用泥浆套辅助下沉应遵守下列规定：

1 适用于孔隙小、密实、坚硬的土层。

2 选用的泥浆材料及配合比应有良好的固壁性、触变性和一定的胶体率。

3 在沉井顶部应设泥浆套地表围圈防护，围圈高宜为1.5~2m，周边尺寸略大于沉井外部尺寸，且应高出地面0.5m，并在其上加顶盖。围圈外应分层回填、夯实不透水土壤。

    4 压浆管的射口处应设防护，防止压浆时直接冲刷土层。

    5 在下沉中应随时补充泥浆，泥浆面不得低于围圈底面。

    6 井内水位应高于井外，以免翻砂涌水破坏泥浆套。

    7 除土时不宜掏空刃脚下的土体，以防泥浆流失。

8.2.12 采用空气幕辅助下沉应遵守下列规定：

    1 适用于砂类土、粉质土及黏质土地层。卵石、砾石、硬黏土和风化岩等地层，不宜采用空气幕辅助下沉。

    2 气龛和压气管路的布置，压气机具的气压和气量应符合设计要求。

    3 下沉时应均匀除土，勤压气，不得过分除土而不压气。当除土面低于刃脚 $0.5 \sim 1m$ 时，即应压气下沉。

    4 开气顺序应先上后下；停气时应先下后上，并宜缓慢减压。压气时间不宜过长，宜在 $10min$ 左右。

    5 下沉中宜分区、分层压气，以控制及调整沉井的倾斜和位移。

8.2.13 沉井接高应遵守下列规定：

    1 沉井接高前应纠正倾斜，使沉井处于正常状态。在沉井偏斜的情况下，不得接高沉井。

    2 接高前不得将刃脚掏空，避免接高时沉井倾斜。

    3 接高时，井顶露出水面不得小于 $1.5m$，露出地面不得小于 $0.5m$。

    4 接高沉井时应停止除土作业。

    5 接高时应均匀加载，可在刃脚下回填或支垫，防止沉井在接高加载时突然下沉或倾斜。

    6 接高时，沉井顶面的混凝土界面应按施工缝处理，并符合《混凝土结构施工技术规程》Q/BMG 103 的有关规定。

    7 混凝土施工缝应按设计要求布置接缝钢筋，清除浮浆。

    8 接高后的各节沉井中轴线应为同一直线。

8.2.14 沉井下沉中发生倾斜、位移、扭转等情况时，应根据造成偏差的原因、环境条件、地质情况采取纠偏措施，并遵守下列规定：

    1 纠偏不得损坏沉井结构。

    2 遇有障碍物时，应先清除障碍，再纠偏。

    3 采用拉拔桩纠偏，应进行拉拔桩设计。

    4 一般情况下可采用偏除土、偏压重、刃脚偏支垫等方法纠偏。采用空气幕下沉时可采取一侧压气方法纠偏。

    5 沉井发生位移时，可沿位移方向，在沉井两侧先后分别除土，反复进行，使沉井逐步移至设计位置。

    6 沉井发生水平扭转时，可采用在沉井的一条对角线的两端同时除土，另一条对角线两端同时填土的方式，在下沉中逐步纠正。

8.3 沉井基底处理、封底、填充

8.3.1 排水下沉时，可直接检查基底情况，清除残留物，平整基底。基底为倾斜岩层时，应凿成台阶或榫槽，基底的2/3应嵌置在岩层内，嵌入深度最小处不宜少于250mm，其余未到岩层的刃脚部位应填混凝土。

8.3.2 不排水沉井基底应由潜水工进行水下检查、清理，必要时可取样鉴定，并征得监理工程师和设计单位同意后封底。

8.3.3 清理后的基底面距内隔墙底面高度及刃脚斜面外露的高度应满足设计要求。

8.3.4 隔墙底部、刃脚斜面以及封底混凝土高度范围内井壁上的泥污应清除干净。

8.3.5 基底检验合格后，应及时封底。对于排水下沉的沉井封底可按普通混凝土浇筑方法施工，对不排水下沉的沉井应灌注水下混凝土封底。

8.3.6 灌注水下封底混凝土除遵守本规程第6.1节有关规定外，尚应遵守下列规定：

1 需要的导管根数及间隔应根据导管的作用半径及封底面积确定。导管作用半径可参照表8.3.6-1确定。

表8.3.6-1 导管作用半径

序　号	导管内径（mm）	导管作用半径（m）	导管下口要求埋入深度（m）
1	250	1.1左右	
2	300	1.3~2.2	2.0以上
3	300~500	2.2~4.0	

2 用多根导管灌注时的顺序应进行设计，防止发生混凝土夹层。若同时浇筑时，应使混凝土面标高大致相同。

3 导管埋深应与灌注深度、导管间距相适应。导管埋深不宜小于表8.3.6-2和表8.3.6-3的规定。

表8.3.6-2 不同灌注深度导管的最小埋深

灌注深度（m）	≤10	10~15	15~20	>20
导管最小埋深（m）	0.6~0.8	1.1	1.3	1.5

表8.3.6-3 导管不同间距的最小埋深

导管间距（m）	≤5	6	7	8
导管最小埋深（m）	0.6~0.9	0.9~12	1.2~1.4	1.3~1.6

4 在灌注过程中，应经常测量混凝土的堆高和扩展情况，调整导管的埋深和混凝土坍落度，使混凝土形成适宜的堆高和不陡于1:5的流动坡度。

5 混凝土的最终灌注高度，应比设计标高高出至少150mm。混凝土强度满足抽水受力要求后，方可抽水；混凝土强度达到设计强度后方可凿除表面松弱层。

8.3.7 井孔填充混凝土前必须抽干井内积水，在检查确认封底混凝土合格后进行。混凝土施工应遵守《混凝土结构施工技术规程》Q/BMG 103的有关规定。

9 墩、台

9.1 现浇混凝土墩、台和盖梁（台帽）

9.1.1 重力式混凝土墩、台施工应遵守下列规定：

1 墩、台混凝土浇筑前应对基础混凝土顶面凿毛、清洗，清除锚筋污、锈。

2 墩、台混凝土浇筑宜采取整截面水平分层浇筑。

3 如因体积较大，需分块浇筑时，分块应符合本规程第 5.3.5 条规定，且分块之间应按施工缝处理。

4 混凝土中需埋放片石时应符合本规程第 5.3.6 条规定。

5 采用滑动模板浇筑墩、台混凝土时应符合现行《滑动模板工程技术规范》GB 50113 的有关规定，并符合下列规定：

1）混凝土坍落度宜为 10~30mm。混凝土强度达 0.2~0.5MPa 时方可提升模板；

2）施工应连续进行，滑升速度宜为 100~300mm/h，每次提升高度不得大于混凝土浇筑层厚度。混凝土振捣时不得提升模板；

3）混凝土浇筑面宜比模板顶面低 10cm 左右；

4）滑模达到预定高度停止浇筑后，应每隔 1h 左右将模板提升 50~100mm，直至全部提出；

5）因故中途停工，模板应按第 4）项规定继续提升，但与混凝土必须保持不小于 300mm 的搭接高度，切不可全部提出。继续浇筑混凝土时，应按施工缝处理；

6）混凝土浇筑时，应设专人检查模板中线、高程，发现偏差应及时纠正，纠偏位移时每滑升 1m 纠偏量不得超过 10mm；

7）冬期不宜采用滑模施工。

9.1.2 柱式墩、台施工应遵守下列规定：

1 模板、支架的稳定计算中应考虑风力影响。

2 墩、台柱混凝土宜一次连续浇筑完成，但应控制浇筑速度，或在混凝土入模前掺速凝剂。

3 墩、台柱与承台、基础接触面可采用平面接缝或凹面接缝，接缝处应凿毛清洗，清除锚筋污、锈。混凝土浇筑时，接触面上应铺垫与混凝土同配合比的水泥砂浆一层。

4 柱身高度内有系梁连接时，系梁应与柱同步浇筑混凝土。V 形墩柱应对称浇筑混凝土。

5 墩、台柱混凝土施工缝宜留在结构受剪切力较小，且易于施工部位，如基础顶面、梁的承托下面。

6 采用预制混凝土管作柱身外模时，预制管安装应符合下列要求：

1）基础面宜采用凹槽接头，凹槽深度不得小于 50mm；

2）上下管节安装就位后，应采取固定措施；

3）混凝土管外应设斜撑，保证浇筑混凝土时的稳定；

4）管接口应用水泥砂浆密封，防止漏浆。

9.1.3 钢管混凝土墩、台柱施工应遵守下列规定：

1 钢管的焊制与防腐应符合本规程第 12 章的有关规定。

2 钢管内应浇筑补偿收缩混凝土，膨胀剂的掺加量应符合设计要求并通过试验确定。

3 混凝土应一次连续浇筑完成。

9.1.4 盖梁（台帽）施工应遵守下列规定：

1 墩、台与盖梁（台帽）的接触面应凿毛、清洗，清除钢筋污、锈。

2 混凝土应一次连续浇筑完成。

3 盖梁为悬臂结构时，混凝土应从双侧悬臂端开始浇筑。

4 预应力钢筋混凝土盖梁拆除底模时间应符合设计要求；设计无规定时，应待孔道水泥浆的强度达到设计强度后，方可拆模。

9.1.5 模板与支架、钢筋、混凝土施工应遵守《混凝土结构施工技术规程》Q/BMG 103 的有关规定。

9.2 预制柱和盖梁安装

9.2.1 基础杯口的混凝土强度必须达到设计要求，方可进行预制柱安装。

9.2.2 预制柱安装应遵守下列规定：

1 杯口在安装前应校核长、宽、高三向尺寸和预埋件位置，确认合格。杯口与预制柱接触面应凿毛处理，预埋件应除锈。

2 预制柱安装就位并确认位置合格后应用硬木楔或钢楔固定，并加斜撑保持柱体稳定，在确保稳定后方可摘去吊钩。

3 安装后应及时浇筑杯口内填缝混凝土，待混凝土硬化后拆除硬楔，再浇筑楔孔混凝土，待杯口内填缝混凝土达到设计强度 75%后方可拆除斜撑。

9.2.3 预制盖梁安装应遵守下列规定：

1 安装前，应对柱、梁接头处混凝土面凿毛处理，预埋件应除锈。

2 安装前，应先对墩、台柱进行支撑固定。

3 安装就位时，应检查轴线和各部尺寸，确认合格后方可固定，并浇筑接头混凝土。接头混凝土达到设计强度后，方可卸除临时固定设施。

9.3 重力式砌体墩台

9.3.1 砌筑的石料和混凝土预制块应洁净，保持湿润。

9.3.2 砌筑时，应设置线杆，挂线施砌。

9.3.3 砌体应采用坐浆法分层砌筑，竖缝均应错开，不得贯通。

9.3.4 砌筑墩台镶面石应从曲线部分或角部开始。

9.3.5 桥墩分水体镶面石的抗压强度不得低于 40MPa。

9.3.6 施工中尚应遵守《砌体结构施工技术规程》Q/BMG 104 的有关规定。

9.4　台　背　填　土

9.4.1 台背填土不得使用含腐植质、杂质或冻土块的土类。宜采用透水性土。

9.4.2 台背、锥坡应同时回填，并按设计宽度一次填齐。

9.4.3 台背填土宜与路基填土同时进行，宜采用机械碾压。台背 0.8 ~ 1m 范围内宜回填砂石、半刚性材料，在最佳含水量时采用小型压实设备压实或夯实。

9.4.4 轻型桥台台背填土应待盖板和支撑梁安装完成后，两台对称均匀进行。

9.4.5 柱式桥台台背填土宜在桥跨结构施工完成，两台对称均匀地进行。

9.4.6 刚构应两台对称，均匀回填。

9.4.7 拱桥台背填土应在主拱施工前完成。

9.4.8 回填土均应分层压实，其压实度应符合《道路工程施工技术规程》Q/BMG 105 的有关规定。

9.4.9 台背设滤层时，其位置、宽度、厚度和级配要求应符合设计要求。滤料应冲洗干净。滤层施工应与台背填土同步进行。

9.4.10 施工中尚应遵守《土方与地基施工技术规程》Q/BMG 102 的有关规定。

10 支　座

10.1　一般规定

10.1.1　支座规格和技术性能应符合设计和国家现行相关标准的规定。

10.1.2　支座安装温度与设计要求不同时，应通过计算设置支座顺桥方向的预偏量。

10.1.3　支座安装平面位置和顶面高程必须准确，不得偏歪、脱空。

10.1.4　活动支座的滑动方向应符合设计要求。

10.1.5　支座滑动面上的四氟滑板和不锈钢板不得有划痕、碰伤。

10.1.6　垫石混凝土的强度必须符合设计要求。垫石应表面平整，高程、位置准确。垫石浇筑前应对基面凿毛、清洗，清除锚筋污、锈。

10.2　板式橡胶支座

10.2.1　支座安装前应将垫石顶面清理干净，用干硬性水泥砂浆或环氧砂浆找平，使顶面标高符合设计要求。砂浆找平层顶面应粗糙，砂浆强度应符合设计要求，设计无要求时，不得低于40MPa。吊装上部结构前，找平砂浆层必须干燥、清洁。

10.2.2　顺桥方向为平坡时，同一片梁两端支承垫石顶面应在同一水平面内，其相对误差不得超过3mm；顺桥方向有纵坡时，支座安装应符合设计要求。

10.2.3　梁、板安放时应位置准确，且与支座密贴。如就位不准或与支座不密贴时，必须重新起吊调位或采取垫钢板等措施。不得用撬棍移动梁、板。

10.3　盆式橡胶支座

10.3.1　支座上、下座板与梁底和墩台顶采用螺栓连接时，螺栓预留孔尺寸应符合设计要求，螺栓安装前应将孔内清理干净。螺栓宜灌注环氧砂浆固定，环氧砂浆强度应符合设计要求，其配比应经试配确定。

10.3.2　支座上、下座板与梁底和墩台顶采用电焊连接时，预埋钢垫板应锚固可靠、位置准确，墩顶预埋钢板下的混凝土宜分两次浇筑，应从一端灌入从另一端排气，直至灌满。钢垫板顶面应平整，不得出现空鼓，焊接时应采取防止损伤混凝土的措施。支座安装后，支座与钢垫板间应密贴，四周缝隙不得大于0.3mm。

10.3.3　现浇梁底部预埋钢板或滑板应根据浇筑时气温、预应力筋张拉、混凝土收缩和徐变对梁长的影响设置相对于设计支承中心的预偏值。

10.3.4　活动支座安装前应用丙酮或酒精解体清洗其各相对滑移面，擦净后应在四氟板储油槽内注满硅脂，并注意硅脂保洁。重新组装时应保持精度。

10.4 球形钢支座

10.4.1 支座出厂前，应将上、下支座板调平，并拧紧连接板的螺栓，防止运输安装过程中发生转动和倾覆。支座可根据设计需要在厂内预设转角和位移。

10.4.2 支座安装前应开箱检查配件清单、检验报告、支座产品合格证及支座安装养护细则。施工单位开箱后不得拆卸、转动连接板的螺栓。

10.4.3 下支座板与墩台采用螺栓连接时，应先用钢楔块将下支座板四角调平，使其位置、高程符合设计要求，用环氧砂浆或补偿收缩砂浆灌注地脚螺栓孔及支座底面垫层。灌注时应从一端灌入，从另一端排气，直至灌满。砂浆硬化后，方可拆除四角钢楔，并用环氧砂浆填满楔块位置。

10.4.4 当下支座板与墩台采用焊接连接时，应用对称、间断焊接方法将下支座板与墩台上预埋钢板焊接。焊接时应采取防止损伤支座和混凝土的措施。

10.4.5 当梁体安装完毕，或现浇混凝土梁体达到设计强度后，在梁体预应力张拉之前，应拆除上、下支座板连接板。

11 混凝土梁浇筑

11.1 支架上浇筑混凝土梁

11.1.1 现浇混凝土梁常用支架应符合下列规定：

1 钢管柱满布式支架：

1）钢管柱单管承载力较小，一般 2m² 约需设钢管柱一根，适用于高度小于 6m，并有平整、坚实基础的支架。

2）钢管柱需接长时，不得超过 3 根，接头处应用专用芯管和夹具，并设纵横双向水平撑。

3）钢管柱应依据稳定需要，设中间水平撑，一般 1.5～2.0m 设纵横双向水平撑一道。

4）满布式钢管柱支架，必须设纵横双向剪刀撑，剪刀撑间距不宜大于 6m，且每个方向不得少于两道。

5）水平撑、剪刀撑应与立柱固接，用钢管做撑时，可用固定管卡子作撑、柱扣件。

6）钢管柱支架应设专用柱脚承托及螺旋千斤柱头，用于支模调整高程及拆模落架，柱头应与横托梁连接牢固，柱头螺旋千斤应逐个顶紧，使所有钢管柱均匀受力。

2 组合柱满布式支架：

1）组合柱宜选用定型组合柱或钢管组拼组合柱，均应按现行《钢结构设计规范》GB 50017 验算其强度、刚度和稳定性。

2）当组合柱承载力达 150kN 以上时，其与钢桁架或大型钢板梁配套使用可用于跨径 6～12m 的高支架，地基条件较差时，可施工临时桩作组合柱的基础。

3）组合柱单排排架间距不宜大于 6m，顺排架必须设水平撑和剪刀撑，水平撑不得少于两道，间距不得大于 3m，排架间也应设水平撑及剪刀撑，间距不得大于 6m。

4）组合柱框架式排架间距宜为 6～12m，框架应双向设水平撑及剪刀撑，水平撑间距不得大于 3m 且不得少于两道。顺排架方向两侧设剪刀撑，垂直排架方向剪刀撑不得少于两道，间距不得大于 6m。

5）用钢桁架及大型钢板梁作托梁时，除验算其强度、刚度外必须设可靠的横向约束并验算支架整体稳定性。

3 墩式支架：

1）墩式支架多用于分段悬浇的落地支架，适用于支架高度不大、平整坚实的无水或浅水河床，多数做成整体移动式。

2）模板（底模、侧模）宜整体升降并随同墩式支架整体移动，箱梁内模可用大模板或隧道式模板分段或整体推移组拼。

3）墩式支架浇筑悬臂梁段时，应保持桥墩两侧对称平衡。

　　4 整体移动式支架适用于多跨梁逐孔浇筑。

　　1）整体移动支架的长度必须满足分段施工要求。

　　2）整体移动支架应依据结构形式、施工荷载、施工方法及地基与支承条件，进行专门设计。

　　3）整体移动支架主要由托梁及支承部分组成，可用钢板梁或钢桁架做成上承式或下承式托梁，依支承条件可做成整跨支架或分段支架。

　　4）模板宜用整体式升降大模板，随整体移动支架同时移动。

　　5）整体移动式支架就位后，宜增设辅助排架，以提高其承载力。

　　5 支架安装后宜用预压方法消除拼装间隙及地基沉降等非弹性变形，并在卸载后测定其弹性变形，便于支模时预留高程。

11.1.2 浇筑混凝土梁应遵守下列规定：

　　1 梁体混凝土宜采用水平分层或倾斜分层方法连续浇筑。水平分层浇筑时，上下层错开距离应保持在 1.5m 以上；倾斜分层浇筑时，倾斜面与水平面夹角不得大于 25°。

　　2 简支梁和悬臂梁混凝土应一次连续浇筑成型。简支梁可从一端开始向另一端进行；悬臂梁应从跨中间和悬臂端开始，同时向支承墩、柱进行，并在墩、柱处交汇。

　　3 多跨连续梁宜整联连续浇筑成型。因设计和施工需要分段浇筑时，宜自一端跨开始逐段向另一端跨推进，且第一段宜浇筑 1.2 跨，以使施工缝处于梁跨弯矩、剪力相对较小部位；如从两端跨开始分段浇筑，应进行中间跨的合拢设计。

　　4 箱形梁全断面一次浇筑时应符合下列要求：

　　1）当箱内净空较大便于操作、混凝土供应能力能满足需要时，可采用一次浇筑成型。

　　2）底板混凝土宜采用低流动性混凝土。在保证底板混凝土初凝前浇筑上层混凝土的条件下，可拉大上层与底板浇筑距离，避免浇筑腹板混凝土时大量流淌至底板内。

　　3）在箱内应设专人随时清理流淌出的混凝土，以保证底板混凝土不超厚。

　　4）箱梁内模板的支撑应简练、少占净空，在顶模板上应适度留出底板混凝土进料口。

　　5）为拆模及预应力张拉需要，顶板宜留 700mm×1000mm 人孔，人孔宜设在 1/4 跨附近。

　　6）应保证箱内通风和用电安全。

　　5 箱形梁二次浇筑时应符合下列要求：

　　1）施工顺序应先浇筑底板、腹板混凝土，待腹板内模拆除后，再支顶板模板，浇筑顶板混凝土。支点横梁两侧预应力束上弯部位不宜两次成型，应全断面一次浇筑。

　　2）两次浇筑的接缝宜留在腹板腋下 50mm 处，接缝应按工作缝处理。进行接缝凿毛、钢筋除污时，混凝土强度不得低于 2.5MPa，且应人工凿毛，凿毛时不得损坏螺旋管。

　　3）两次浇筑混凝土宜使用同品种、同强度等级、同生产企业、同批生产的水泥。

　　4）两次浇筑混凝土应采取以下防止一期混凝土产生裂缝的措施：

　　（1）增大模板支架刚度，最大限度减少二次浇筑混凝土时的变形。

　　（2）第一次浇筑混凝土宜达到总量的 60%～70% 以上，使支架非弹性变形基本完成。

　　（3）推迟二期混凝土的浇筑时间，使一期混凝土有较高的强度，能承受次生变形，不致产生裂缝。

　　（4）对支架进行预压消除非弹性变形。

6 悬臂梁加吊梁结构，吊梁混凝土浇筑时，悬臂梁混凝土应达到设计规定强度，如设计无规定时应达到设计强度75%以上。

7 在支架上浇筑连续梁、悬臂梁混凝土时，宜采取以下消除支架不均匀沉降的措施：

1）尽量加快混凝土浇筑速度，初凝前浇筑完成全部混凝土。

2）在混凝土浇筑前，宜先在支架上加载预压，使支架充分完成变形；浇筑混凝土时再将预压荷载逐步撤除。

3）将梁分为数段，并拟定能够消除支架不均匀沉降的混凝土浇筑顺序，分段位置和浇筑顺序宜与设计单位商定。

11.1.3 模板支架卸落应遵守下列规定：

1 多跨连续梁分段浇筑或逐孔浇筑落架时，除考虑主梁混凝土强度外，同时应考虑临跨未浇筑混凝土对本跨的影响。

2 多跨连续梁整联浇筑时，落架脱模宜各跨同时均匀分次卸落，如必须逐跨落架时，宜由两边跨向中跨对称推进。

3 在柔性墩上分段浇筑的连续梁落架时，应验算桥墩偏心荷载，墩柱抗弯强度不足时需设临时支撑，待邻跨加载后方可撤除。

4 独柱多跨连续梁或连续弯梁，宜整联连续浇筑，施加预应力后，方可脱模、落架；如分段或逐孔浇筑、分段张拉、分段落架时，必须采取防止已浇筑梁段偏载失稳或受扭的措施。

11.2 悬臂浇筑混凝土梁

11.2.1 悬臂浇筑施工前应完成施工结构设计，其主要内容如下：

1 墩顶段浇筑托架设计：托架可选用斜撑式、斜拉式或排架式，必须有足够的强度和刚度。托架可支承在承台或桥墩预留牛腿上。

2 梁墩锚固设计：除T形刚构外，悬臂梁及连续梁浇筑时，应按施工阶段不平衡力矩需要将主梁和桥墩临时锚固或增设临时支柱。

3 挂篮设计：挂篮由悬臂吊架和支承平台组成，吊架可选用板梁、斜拉组合梁、桁架或撑架形式，安装在已浇筑梁段顶面上，悬臂部位设吊杆悬吊支撑平台。挂篮应设行走装置和滑动装置。

挂篮应按悬浇最大梁段施工荷载设计，必须具有足够的强度、刚度和抗倾覆稳定性。各阶段的抗倾覆稳定系数不得小于2。

4 梁段模板设计：模板安设在支承平台上，宜做成整体升降底模和滑移式内外侧模。

5 挠度控制设计：按施工程序计算各阶段的总挠度值，绘制理论挠度曲线及每一次浇筑梁段的上拱度值。

6 合拢设计：

1）合拢段长度一般以2m左右为宜；

2）为约束梁体伸缩，合拢前应将合拢口锁定，其锁定力应大于放松侧（或任一侧）各墩支座摩擦阻力之和。其方法是在两悬臂梁端预埋钢构件，在合拢温度时焊接锁定；或埋入钢管并穿入部分预应力束，在合拢温度时焊接并张拉。

11.2.2 浇筑墩顶段（0号段）混凝土前应对托架进行预压，消除杆件连接缝隙、地基沉降等永久变形，测定托架的弹性变形并采取相应措施，防止墩顶段浇筑过程混凝土开裂。

11.2.3 挂篮在墩顶段梁顶面组装后必须做载重试验，消除永久变形及测定弹性变形。

11.2.4 浇筑梁段混凝土时，可采用逐次调整前吊杆高度方法；或按混凝土重加载预压，随梁段混凝土浇筑逐步卸载方法，消除弹性变形，防止混凝土开裂。

11.2.5 浇筑梁段混凝土时，挂篮支承平台后端应锚固于已浇筑梁段上，使底模后端与已浇筑梁段密贴，以保证梁底线形平顺。

11.2.6 桥墩两侧梁段悬臂施工应对称、平衡，其不平衡偏差必须符合设计要求。

11.2.7 挂梁在已成型梁段上移动时，后端应设平衡重，使挂篮稳定。

11.2.8 悬臂浇筑段前端底板和梁顶标高，应根据挂篮前端的垂直变形和预拱度设置。施工中，应在梁段混凝土浇筑前、后及预应力钢筋束张拉前、后，检测上拱度值及桥梁中轴线，以控制设计预拱度及中线偏差。偏差超过设计要求时，应及时报告监理工程师，会同设计人员研究调整。

11.2.9 箱形截面梁段混凝土的浇筑可按设计要求或施工需要采用一次或二次浇筑方法施工，当采用二次浇筑时，各段施工缝应适当错开。混凝土应自悬臂端开始向后分层浇筑。

11.2.10 悬臂浇筑的连续梁或刚构合拢段长度一般以2m左右为宜，合拢前应调整中线和高程，同时将两悬臂端间距离锁定；并将合拢跨一侧各墩临时锚固放松，转换成活动支座。

11.2.11 悬臂浇筑连续梁的体系转换应在合拢段及全部纵向预应力束张拉、压浆完成且达到设计强度后进行。体系转换应按设计要求进行。

11.2.12 T形刚构或悬臂梁挂孔预制梁架设前，应对悬臂梁端预埋件及支座位置、高程进行校核，同时检测两悬臂端间距离及预制梁长度和外形尺寸。预制梁架设移运需通过悬臂端时，应验算悬臂梁的应力及稳定性。

11.3 简支梁、板和小型构件预制

11.3.1 预制场地应符合下列要求：

1 场地应平整、坚实，有良好的排水设施。

2 场地应设有符合要求的运输道路，方便混凝土浇筑和构件运输。

3 场地应设置供电、供水和排水设施。

11.3.2 预制混凝土构件浇筑前应检查模板、钢筋、埋件，确认符合设计要求。

11.3.3 预制构件的混凝土应一次连续浇筑完成。大型构件宜采用插入式、附着式组合方式振捣；小型构件宜采用表面振动器或振动工作台完成振捣。

11.3.4 采用平卧重叠法预制构件，上层支模时，下层构件混凝土应达到设计强度的30%以上。上下层间应有可靠隔离措施。上层混凝土振捣时，振捣棒应距下层构件混凝土表面相隔适当距离，不得损坏下层混凝土和隔离层。

11.3.5 T形梁、工形梁等混凝土浇筑应遵守下列规定：

1 梁底、腹板、顶板各部位应根据钢筋间距、构件截面尺寸选用粗骨料的粒径和混凝土的坍落度。

2 混凝土振捣宜采用插入式和附着式组合振捣：

1）顶板以平板式振动器表面振捣为主；

2）梁腹以附着式为主，振动器应设置在侧模板两侧，可交错或对称布置，间距宜为2～3m；

3）采用底模振捣时，底模应设置在弹性支承上。

3 预应力简支梁支座处的底模板基础应予以加强。

4 非预应力钢筋混凝土梁预拱度应按设计要求设置，设计未作规定时，可参照表11.3.5设置。

表 11.3.5 预制钢筋混凝土梁预拱度值

跨径（m）	10	15	20
预拱度值（cm）	3	4	5

11.3.6 U形梁可一次浇筑或二次浇筑。一次浇筑时先浇筑底板，待混凝土稍沉实后再继续浇筑腹板。二次浇筑施工缝宜留在腹板加腋处。

11.3.7 混凝土构件拆模应遵守下列规定：

1 非承重模板在常温下混凝土强度达到2.5MPa后方可拆除。冬期施工时宜在混凝土达到其允许受冻强度后拆除。

2 预应力构件宜在预应力张拉或放张前将全部侧模拆除。

3 T形梁、工形梁侧模拆除后应在两侧设临时支撑，防止梁体倾倒。

11.3.8 构件出厂前应对构件进行标识，标识应包括：构件名称、生产日期、混凝土强度等级、检验评定、构件编号，异形有方向性的构件应按要求标注其安装的部位。

11.3.9 后张预应力梁、板的预制应遵守下列规定：

1 跨径小于25m时，可在构件厂或现场预制。跨径较大，不宜远距离场外运输时，宜在现场预制。

2 T形梁、工形梁和侧向刚度较小的非对称的外边梁，施加预应力时应尽量保持左右对称，防止引起侧向弯曲，张拉过程中应同时检测构件的侧向变形，以便及时采取措施。

3 现场预制应避开严寒季节。在严寒期进行预应力孔道压浆，应有切实可行的保温措施。

4 梁、板预拱度设置应符合下列要求：

1）跨度小于20m的预应力简支梁板一般可不设预拱度；

2）部分预应力简支梁在短期使用荷载下的计算挠度大于$L/1600$时，应设置预拱度，其值由计算决定；

3）跨度大于20m的预应力简支梁应设置反拱，反拱值可按设计要求或计算确定，如有实测统计数值可参照实测统计数值确定。

5 预应力孔道形成应符合下列要求：

1）后穿束可用螺旋管或胶管成孔，先穿束孔道必须用螺旋管成孔；

2）简支梁跨径小于25m时，可用螺旋管或胶管成孔，跨径大于25m时应用螺旋管成孔；

3）使用胶管成孔时，孔道直径应比预应力束外径大 10mm 以上。跨径大于 15m 时应两端抽拔胶管，其中间的连接套管不得设在孔道弯起的部位；

4）先穿束的孔道最小截面积不应小于预应力束钢筋净面积的 2 倍，后穿束的孔道最小截面积不应小于预应力束钢筋净面积的 2.5 倍。

6 锚垫板应牢固地固定在端模板上，防止浇筑混凝土过程中产生位移。

11.3.10 先张预应力梁、板的预制应遵守下列规定：

1 宜在构件厂预制。

2 宜用长线台座预制，台座结构应经施工设计确定。

3 宜采用整拉整放和单拉整放两种工艺。

4 放张时混凝土应达到设计要求强度，设计未规定时，应达到设计强度的 75% 以上。

11.3.11 小型构件预制应遵守下列规定：

1 安装后不外露或有装饰要求的构件预制，可采用翻转模板和干硬性混凝土，混凝土浇筑完毕立即翻转，脱模后及时修整外观。

2 栏杆、扶手等构件预制应严格控制外观质量和控制保护层厚度。应采用钢模板，并提高加工精度；混凝土宜用振动台振捣，保证密实；钢筋加工尺寸应严格控制误差，保证保护层厚度。

3 人工抹压成活时，严禁掺加干水泥粉。

4 小型构件应加强运输、存储过程的成品管理，避免损坏棱角。

11.4 分段架设连续梁现浇混凝土施工

11.4.1 分段预制的主梁，在现场应按设计要求分别架设在桥墩临时支座或施工支架的临时支点上，呈简支工作状态。

11.4.2 桥墩上宜用硫磺水泥垫块作临时支座，施工支架上宜用砂箱等落架装置作临时支点。

11.4.3 主梁合拢段应设在有横梁的部位，合拢段长度应根据钢筋连接和预应力孔道设置的需要确定。

11.4.4 合拢段混凝土浇筑前，应完成永久支座的安装、钢筋连接、预应力孔道安装、主梁预制段端面剪力键的凿毛和清除浮浆等项工作。

11.4.5 主梁合拢段应采用补偿收缩混凝土，应与横梁、桥面板同时完成混凝土浇筑，并应加强养护减少收缩。

11.4.6 合拢段及横梁、桥面板混凝土强度达到设计要求后，方可解除临时支座、卸落施工支架，使梁支承于永久支座上。

11.5 结合梁现浇混凝土施工

11.5.1 混凝土结合梁施工应遵守下列规定：

1 预制混凝土主梁与现浇混凝土龄期差不得大于 3 个月。

2 预制主梁架设就位后，应设横向联系或支撑临时固定，防止施工过程中失稳。

3 浇筑混凝土前应对主梁强度、安装位置、预留传剪钢筋进行检验，确认符合设计要求，并应对主梁预留剪力键进行凿毛、清洗、清除浮浆；应对预留传剪钢筋除锈、清除灰浆。

4 现浇混凝土结构宜采用缓凝、早强、补偿收缩混凝土，应全断面一次连续浇筑，浇筑顺序，顺桥向可自一端开始浇筑；横桥向应由中间开始向两侧进行。

11.5.2 钢—混凝土结合梁施工应遵守下列规定：

1 钢梁现场安装应遵守本规程第13.3节有关规定。架设钢梁施工支架的设计荷载除考虑钢主梁及架设过程中的荷载外，还应考虑桥面板及其施工荷载。

2 混凝土桥面板浇筑前，应对钢梁安装位置、高程、纵横连接及临时支架进行检验，确认符合设计文件和施工组织设计要求；同时钢梁顶面的传剪器（焊钉）焊接经检验合格，方可浇筑桥面板混凝土。

3 混凝土桥面板宜采用缓凝、早强、补偿收缩混凝土，应全断面一次连续浇筑。混凝土浇筑顺序，顺桥向应自跨中开始在支点或施工支架临时支座处交汇，或由一端开始浇筑；横桥向应由中间开始向两侧进行。

4 在施工过程中应随时监测主梁、施工支架的稳定状况，发现异常应立即停止施工，并采取相应的技术安全措施。

5 桥面板混凝土强度必须达到设计要求后，方可拆除临时支点和施工支架。

12　混凝土梁架设

12.1　一般规定

12.1.1　梁、板架设时，墩、台、支座垫石等强度不得低于设计要求的强度。

12.1.2　梁、板架设前应在梁、板上标示出纵轴线；在支承结构上标示出安装控制轴线、端线。

12.1.3　在桥梁架设过程中应同时完成支座的安装。

12.1.4　架梁机具、设备在正式吊装前必须进行试运转，确认其可靠性，必要时应进行动载、静载起吊试验，试验荷载不得低于设计荷载的130%。

12.1.5　架设就位的梁、板，经检验、校正后方可固定。

12.1.6　构件接头、接缝施工应遵守下列规定：

1　接头、接缝的连接钢筋和钢板的焊接，经检验合格后方可浇筑接头混凝土或砂浆。

2　承受内力的接头和接缝，宜用快硬混凝土或砂浆浇筑，其强度等级不得低于构件强度等级，施工中必须捣实并加强养护。

3　不承受内力的接头和接缝混凝土或砂浆强度等级不得低于15MPa。

4　分层分段安装构件时，必须在先安装构件已固定，且接头混凝土强度达到设计要求后方可继续安装；如设计未规定时，接头混凝土强度应达到设计强度的75%以上方可继续安装。

12.1.7　接头混凝土达到设计强度后方可承受设计荷载。

12.1.8　构件移运及堆放应符合《混凝土结构施工技术规程》Q/BMG 103的有关规定。

12.2　简支梁、板架设

12.2.1　简支梁、板架设方法及其设备可参照表12.2.1的规定选择。

表12.2.1　简支梁常用架梁方法

架设方法	架设方式	适用条件
起重机架梁	桥孔内横移架梁	无水较平坦河床，沿桥侧设运梁便线，吊装机械进入桥孔作业，不能跨汛施工；梁长40m、梁重1200kN
跨墩龙门吊架梁	横移架梁	无水或局部浅水河床架桥，沿桥梁一侧设便线送梁，跨越桥墩及便线两侧铺设龙门轨道，不能跨汛施工；梁长50m、梁重1200kN
浮运架梁	临时占用桥孔航道横移架梁	深水可通航河道，设预制梁装船码头，拖船运梁，可跨汛施工；梁长50m、梁重1500kN
龙门式吊梁车架梁	龙门式吊梁车在导梁上吊梁纵移架梁	各种有水、无水河道，墩顶上作业，可跨汛施工；梁长32m、梁重1200kN
穿巷式架桥机架梁	双导梁纵横移架梁	各种河道条件，可跨汛施工；梁长50m、梁重1500kN

12.2.2 施工现场内运输通道应畅通，吊装场地应平整、坚实。在电力架空线路附近作业时，必须采取相应的安全技术措施。风力6级（含）以上，不得进行吊装作业。

12.2.3 起重机架梁应遵守下列规定：

1 起重机工作半径和高度的范围内不得有障碍物，起重机不得支设在各类沟渠上。

2 严禁起重机斜拉斜吊，严禁轮胎起重机吊重物行驶。

3 使用双机抬吊同一构件时，二吊车臂杆应保持一定距离，必须设专人指挥。每一单机荷载不得超过额定起重能力的75%。

12.2.4 龙门式吊梁车架梁应遵守下列规定：

1 龙门式吊梁车宜用于不少于4片主梁的任意宽度的简支梁桥架设。

2 主要安装设备应由两台龙门式吊梁车和两列导梁组成。

3 吊梁车吊重能力应大于2/3梁重，轮距应为主梁间距的2倍。

4 导梁可用钢板梁或钢桁架组拼。导梁长度不得小于桥梁跨径2倍另加5～10m引梁，导梁就位后其顶面应与主梁顶面同高。

5 构件堆放场或预制场宜设在桥头引道上。桥头引道应填筑到主梁顶高，引道与导梁接头处应设砌体或混凝土墙，其顶面和接头处应平整。

6 吊梁车起吊或落梁时应保持前后吊点升降速度一致，吊梁车负载时应慢速行驶，保持平稳，在导梁上行驶速度不宜大于5m/min。

12.2.5 跨墩龙门吊架梁应遵守下列规定：

1 主要设备由两台龙门吊和两道铁轨组成。

2 跨墩龙门架应根据梁的质量和高度、桥墩高度、桥梁与运梁便线的总宽度专门设计拼装。

3 运梁便线应设在桥梁一侧，并尽量靠近桥墩。门架应跨越桥墩和运梁便线，应高出桥墩顶面4m以上。

4 跨墩龙门吊宜按门架纵移时空载、吊梁时门架固定、小车横移安梁就位的吊装程序进行设计。

5 龙门吊轨道应采用重轨，轨道基础应坚实、平整，轨道应直顺，两侧轨道应等高，枕木中心距不得大于500mm。

6 两台龙门吊抬梁起落速度和高度及横向移梁速度应保持一致，不得出现梁体倾斜、偏转和斜拉、斜吊现象。

12.2.6 穿巷式架桥机架梁应遵守下列规定：

1 主要设备由两列导梁和两台龙门吊组成。一般可选用定型架桥机，也可用钢板梁或钢桁架专门设计拼装。

2 架桥机宜在桥头引道上拼装导梁及龙门架，经检验、试运转、试吊后推移进入架梁桥孔。

3 架桥机悬臂推移时应平稳，后端加配重，其抗倾覆安全系数不得小于1.5。风荷载较大时应采取措施，防止横向失稳。

4 架桥机就位后，前、中、后支腿及左右两根导梁应校平、支垫牢固。

5 桥梁构件堆放场或预制场宜设在桥头引道上，沿引道运梁上桥，大梁运进两导梁间起重龙门下，两端同时起，两台龙门抬吊大梁沿导梁同步纵移到架梁桥孔，龙门固定，起重小车横移到架梁位置落梁就位。

6 龙门架吊梁在导梁上纵移时，起重小车应停在龙门架跨中。纵移大梁时前后龙门吊应同步。起重小车吊梁时应垂直起、落，不得斜拉。前后龙门吊上的起重小车抬梁横移速度应一致，保持大梁平稳不得受扭。

12.3 悬臂拼装预应力混凝土梁

12.3.1 悬臂拼装施工前应完成施工设计，其主要内容如下：

1 墩顶段浇筑托架、挠度控制和合拢设计应符合本规程第11.2.1条的有关规定。

2 墩顶段临时锚固设计有以下方法供选用：

1）墩顶永久支座两侧设临时支承垫块，梁、墩间用预应力束临时固结；

2）桥墩两侧设支架或悬臂支架，在支架上设临时支座，形成双悬臂体系；

3）桥墩一侧设支架及临时支座，与永久支座共同形成双悬臂体系。

3 悬臂吊机设计：悬臂吊机安装并锚固在箱梁顶面，在桥墩两侧对称的悬臂端设起吊设备，将浮运至桥墩旁的梁段垂直起吊，安装就位。其构造主要由纵向主桁架、横向起重桁架、锚固装置、平衡重、起重设备、纵移装置和工作挂篮组成。悬臂吊机应按安装最大梁段质量及施工荷载进行设计。

12.3.2 悬臂拼装梁段预制和存放除应符合本规程第11.3节和现行《混凝土结构施工技术规程》Q/BMG 103 的有关规定外，尚应遵守下列规定：

1 梁段预制前应根据现场条件，确定采用长线法或短线法进行梁段预制。

2 预制台座应坚实、可靠，并经验收合格。使用前宜用1.5倍梁重预压。

3 模板及其支撑应满足刚度、承载力、稳定性和多次使用的要求。模板宜选用钢模板。

4 梁段间的定位销孔、预应力孔道及其他预埋件应位置准确。

5 匹配梁段宜在同一长线台座上连续或奇偶相间浇筑。采用短线法预制梁段时，端模应铅直，侧模和底模的线形应精确。

6 预制梁段经验收合格后，方可移运至存放场地备用。存放梁段未达到设计强度时，应继续养护。

7 梁段在存放场地应平稳牢固地置于垫木上。底面有坡度的梁段，应使用不同高度的垫木。垫木的位置应与吊点位置在同一竖直线上。

12.3.3 悬臂拼装施工应遵守下列规定：

1 桥墩两侧应对称吊装、拼装，保持平衡，平衡偏差不得超过设计要求。

2 悬臂拼装吊架走行及施工时的抗倾覆稳定系数不得小于1.5。

3 吊装前应对吊装设备进行全面检查，并按设计荷载的130%进行试吊。

4 施工前应绘制主梁安装挠度曲线，以控制各梁段安装高程。拼装过程中应随时检测、调整，使主梁安装高程符合设计要求。

5 施工前应按锚固设计要求将墩顶段（0号段）与桥墩临时锚固，或在桥墩两侧设立临时支承，使其能承受悬臂拼装施工阶段产生的不平衡力矩，待合拢后解除临时锚固，转换成永久支座。

6 墩顶梁段（0号段）与悬臂拼装1号段之间应设10～15cm宽的湿接缝，并符合下列要求：

1）1号梁段初步定位后，应检测其轴线、横端线、梁段四角高程及预应力孔道，经调整使其符合设计要求；

2）湿接缝的端面应凿毛清洗，并保持湿润；

3）接缝处的预应力成孔管道，分别伸入两梁端孔道长度不得小于150mm，定位准确、牢固并密封后，方可浇筑接缝混凝土；

4）湿接缝混凝土强度宜高于梁段混凝土一个等级，待接缝混凝土强度达到设计要求后方可张拉，设计未规定时，接缝混凝土强度应大于设计强度的75%后方可张拉。

7 其余梁段的密合接缝可干拼或胶拼，胶拼时应符合下列要求：

1）胶粘剂宜采用环氧树脂，胶浆应根据环境温度、固化时间和强度要求选定配方。固化时间应根据操作需要确定，不宜少于10h；在36h内应达到梁体设计强度；

2）胶拼前，应清除胶拼面上浮浆、杂质、隔离剂，并保持干燥；

3）胶拼前应先预拼，检测并调整其高程、中线，确认符合设计要求后沿轴向平移400～500mm，快速均匀涂胶（胶层厚度以1～1.5mm为宜），及时清除孔内胶浆，拼接就位。涂胶时，混凝土表面温度不宜低于15℃；

4）梁段正式定位后，应按设计要求穿预应力束，并张拉定位束，设计无规定时，应张拉部分预应力束，预压胶拼接缝，使接缝处保持0.2MPa以上压应力，并及时清理接触面周围及孔道内挤入的胶浆。待环氧树脂胶浆固化、强度符合设计要求后，再张拉其余预应力束；

5）在设计要求的预应力束张拉完毕后，起重机方可松钩。

8 悬臂拼装完成后，明槽混凝土应由悬臂端向根部对称浇筑。

12.3.4 连续梁（T形刚构）的合拢及体系转换除应遵守本规程第11.2节有关规定外，在体系转换前，应按设计要求张拉部分梁段底部的预应力束，并在悬臂端设置向下的预留度，防止梁段上部明槽中已张拉的预应力束上浮，以保证体系转换过程中梁段的稳定。

12.4 顶推法架梁

12.4.1 顶推法施工前应进行施工设计，其主要内容如下：

1 临时墩设计：临时墩应有足够的强度、刚度及稳定性。临时墩按顶推过程可能出现的最大支座反力及水平推力设计，同时计入土压力、水压力、风荷载及施工荷载，并应考虑施工阶段水流冲刷影响。

2 导梁设计：为减少顶推过程中过大的悬臂弯矩，主梁前端宜设置导梁。导梁宜采用钢结构，其长度宜为0.6～0.8倍顶推跨径，其刚度（根部）宜取主梁刚度的1/9～1/15。导梁与主梁连接可采用埋入法固结或铰结，连接必须牢固。导梁前端应设牛腿引梁以校正导梁下挠。

3 制梁台座设计应符合下列要求：

1）台座可设在引道的支墩上，也可设在引桥或正桥的临时墩上，直线桥的支墩和临时墩必须设在正桥轴线上，弯桥或坡桥必须设在与正桥同曲率的平曲线、竖曲线或其延长线上；

　　2）根据桥梁长度，可在桥梁一端或两端设置台座，也可在正桥位分段设置多个台座，分别采用一端顶推、两端顶推或多段顶推；

　　3）制梁台座应由支墩或临时墩、临时支架、托架、整体升降底模、平移或旋转侧模、隧道式内模及工作平台组成：

　　（1）支墩或临时墩墩顶设置的滑座、滑块应按支承梁段顶推过程的竖向和水平荷载设计；

　　（2）临时支架是为减小托架支承跨度而设，可设在天然地基上或支承桩上，并应设卸架装置；

　　（3）托架宜采用钢结构，并与底模连成一体，其强度、刚度和变形应满足梁段制作要求；

　　（4）整体升降底模与托架间可用硬木楔调整局部高程，以确保底模的平整度符合要求。

12.4.2 顶推方式可依据桥梁长度、纵横线形、桥墩承受水平荷载的能力、顶推设备和后座支承反力等条件选择单点顶推或多点顶推。

　　1　单点顶推：限用于直线桥；顶推梁段长度较短；桥墩可承受较大水平荷载；后座能提供足够的水平反力的顶推。多数在箱梁两侧安设顶推千斤顶或拉杆牛腿。

　　2　多点顶推：适用于直桥、弯梁桥及设竖曲线的坡桥；顶推梁段长度较长（可达到500m或更长）；桥墩可承受水平荷载不大以及柔性墩的顶推。顶推拉杆可设在箱梁两侧，亦可设在梁底桥梁轴线上。

12.4.3 顶推设备应符合下列规定：

　　1　千斤顶的额定顶力和拉杆的容许拉力不得小于计算推力的2倍。

　　2　拉锚器按需要设置在箱梁底部或两侧，一般每一梁段设置一组，拉锚器宜采用插入钢牛腿形式，便于拆装。

　　3　滑动装置应符合下列要求：

　　1）滑块（滑板）宜由埋入钢板的橡胶块粘接四氟板组成，常用规格为500mm×200mm×30mm，其弹性模量为600MPa，容许应力为10MPa，动态摩擦系数为0.02~0.05；

　　2）滑道（滑座）宜采用30~50mm厚的钢板（或铸钢件）上覆2~3mm厚不锈钢板，两端刨成圆弧坡口，便于滑块插入、滑出。滑道用螺栓固定在支座垫石上，顺桥方向长度应大于千斤顶行程加滑块长度；其宽度应为滑块宽度的1.2~1.5倍。

12.4.4 梁段预制除遵守本规程第11.3节规定外，尚应遵守下列规定：

　　1　梁段预制宜采用全断面一次浇筑。二次浇筑时，施工缝可设在腹板上，各段接缝应错开。

　　2　模板、托架、支架应经预压消除其永久变形。宜选用刚度较大的整体升降底模，升降及调整高程宜用螺旋（或齿轮）千斤顶装置。浇筑过程中的变形不得大于2mm。

　　3　应严格控制梁底面的相对高程及平整度，滑道部位的底模宜用整条厚钢板（$\delta > 10$mm）铺设，焊接接头应打磨光滑。

　　4　梁段接缝处的预应力孔道、搭接钢筋、预埋件等位置必须准确。

　　5　梁段浇筑前应将导梁安装就位，并校正位置后方可浇筑混凝土。

12.4.5　梁段顶推施工应遵守下列规定：

　　1　检查顶推千斤顶的安装位置，校核梁段的轴线及高程，检测桥墩（包括临时墩）、支墩上的滑道轴线及高程，确认符合要求后，方可顶推。

　　2　顶推千斤顶的油泵必须配置同步控制系统，两侧顶推时，必须左右同步；多点顶推时各墩千斤顶纵横向均须同步。

　　3　顶推前进时，应及时由后面插入补充滑块，插入滑块应排列紧凑，滑块间最大间隙不得超过 100～200mm。滑块滑面应涂硅脂。

　　4　顶推过程中导梁接近前面桥墩时，应及时顶升牛腿引梁，将导梁引上墩顶滑块，方可正常顶进。

　　5　顶推过程中应随时检测主梁轴线和高程，做好导向、纠偏等工作。梁段中线偏移大于 20mm 时应用千斤顶纠偏复位。滑块受力不均匀、变形过大或滑块插入困难时，应停止顶推，用竖向千斤顶将梁托起校正。竖向千斤顶顶升高度不得大于 10mm。

　　6　顶推过程中应随时检测桥墩墩顶变位，其纵、横向位移均不得超过设计要求。

　　7　顶推过程中如出现拉杆变形、拉锚松动、主梁预应力锚具松动、导梁变形等异常情况，应立即停止顶推，妥善处理后方可继续顶推。

　　8　平曲线弯梁顶推时应采用多点顶推，宜用单拉杆防止内外侧弧长不等造成不同步；应在曲线外设置法线方向向心千斤顶，并锚固于桥墩上，纵向顶推的同时应启动横向千斤顶，使梁段沿圆弧曲线前进。

　　9　在竖曲线上顶推时，各点顶推力应计入升、降坡形成的梁段自重水平分力，如在降坡段顶进纵坡大于 3% 时宜用摩擦系数较大的滑块。

　　10　全梁顶推就位后应按设计要求张拉后期预应力束，并压浆封锚。

　　11　落梁时应用千斤顶将梁顶起，抽出滑块、拆除滑道，将永久支座安装就位后落梁。顶梁和落梁时应均匀对称，各墩台间高差不得大于 10mm，同一墩台两侧高差不得大于 1mm。

13 钢 梁

13.1 一 般 规 定

13.1.1 钢梁制造和安装施工单位、焊接质量检测单位必须具备相应的资质。

13.1.2 钢梁的设计文件应包括下列内容：

    1 钢梁主要受力杆件的受力计算书及杆件截面的选定表；

    2 钢梁全部杆件的设计详图、材料明细表、螺栓表；

    3 设计、施工及安装说明；

    4 安装构件、附属构件的设计图。

13.1.3 钢梁制造前应根据设计文件绘制施工图，包括下列内容：

    1 绘制杆件的细部施工图；

    2 厂内试装简图；

    3 杆件明细表；

    4 工地拼装简图。

13.1.4 钢梁制造和检验所使用的量具、仪器、仪表等应由主管部门授权的法定计量技术机构校验。特大桥工地用尺与工厂用尺应互相校对。

13.2 制 造

13.2.1 制造钢梁的材料应符合下列规定：

    1 制造钢梁使用的钢材、焊接材料、涂装材料、连接紧固件和剪力钉等材料应符合设计要求和国家现行标准规定。

    2 进厂的原材料除应有生产企业的出厂质量证明书外，还应按设计要求和有关国家现行标准规定进行进场检查和复验，合格后方可使用。

    3 当钢材表面有锈蚀、麻点和划痕等缺陷时，其深度不得大于该钢材厚度允许负偏差值的1/2。

    4 采用进口钢材时，应按合同规定进行商检，应按国家现行标准规定检验其化学成分、力学性能及工艺性能，并用与其匹配的焊接材料做焊接试验。不符合要求的钢材，不得使用。

13.2.2 放样、号料和切割应遵守下列规定：

    1 放样和号料应根据施工图和工艺要求进行，且预留制作和安装时的焊接收缩余量及切割、刨边和铣平等加工余量。

    2 对于形状复杂的零部件在图中不易确定的尺寸，应通过放样校对后确定。

3 放样偏差应符合表 13.2.2-1 规定。

表 13.2.2-1 放样允许偏差

序　号	序　号	允许偏差（mm）
1	两相邻孔中心距离	±0.5
2	矩形对角线两孔中心距离、两极边孔中心距离	±1.0
3	孔中心与孔群中心线的横向距离	0.5
4	样板长度和宽度、样杆长度	+0.5 -1.0
5	曲线样板上任意点偏离	1.0

4 号料前应检查材料的牌号、规格、质量，如钢料不平直，有浮锈、油漆等污物，应矫正清理后再号料。号料所划的切割线应准确清晰，外形尺寸允许偏差为 ±1mm。

5 切割应符合下列要求：

1）切割前应将料面的浮锈、污物清除干净；

2）切割应优先选用数控、自动、半自动等精密切割。手工切割仅适用于次要零件或切割后仍需边缘加工的零件；

3）采用气割时，钢料应放平、垫稳，割缝下面应留有空隙；应根据钢板厚度和切割方法预留切口量，一般预留 2~4mm，较厚者可适当增加；

4）剪切钢板厚度不宜大于 12mm，剪切边缘应整齐，无毛刺、反口、缺肉等缺陷，剪切长度允许偏差为 ±2mm；

5）切割型钢长度允许偏差为 ±2mm，切割面垂直度允许偏差应 ≤1.5mm；

6）精密切割面质量应符合表 13.2.2-2 规定。切割面硬度不超过 HV350；

表 13.2.2-2 切割面质量

序　号	项　目		允许偏差
1	表面粗糙度 Ra	1级	25μm
		2级	50μm
2	崩坑	1级	不容许
		2级	1m 长度内容许有 1 处 1mm
3	塌角		圆角半径≤0.5mm
4	切割面垂直度		≤0.5t 且≯2.0mm

注：t 为钢板厚度。

7）碳素结构钢在环境温度低于 -20℃，低合金结构钢在环境温度低于 -15℃ 时，不得进行剪切。

13.2.3 矫正和弯曲应遵守下列规定：

1 矫正前，剪切的反口应修平，气割挂渣应铲净。

2 钢材宜在切割后矫正，矫正后钢材表面不得有明显的凹痕和其他损伤。用锤击方法矫正时，应在钢材上放置垫板。

3 热矫温度应控制在600~800℃，矫正后钢材温度应缓慢冷却，温度尚未降至室温以前，不得锤击钢材或用水急冷。

4 碳素结构钢在环境温度低于-16℃、低合金结构钢在环境温度低于-12℃时，不得进行冷矫正和冷弯曲。

5 主要受力零件作冷弯曲时，环境温度不宜低于-5℃，内侧弯曲半径不得小于板厚的15倍，否则必须热弯。冷弯曲后零件边缘不得产生裂纹。热弯温度应控制在900~1000℃。

6 零件矫正后的偏差应符合表13.2.3规定。

表13.2.3 零件矫正后的允许偏差

序 号	项 目		允许偏差（mm）
1	钢板平面度	每米	1.0
2	钢板直线度	$L \leqslant 8m$	3.0
		$L > 8m$	4.0
3	型钢直线度	每米	0.5
4	角钢肢垂直度	全长范围	0.5[①]
5	角肢平面度	连接部位	0.5
		其余	1.0
6	工字钢、槽钢腹板平面度	连接部位	0.5
		其余	1.0
7	工字钢、槽钢翼缘垂直度	连接部位	0.5
		其余	1.0

注：① 角度不得大于90°。

13.2.4 边缘加工应遵守下列规定：

1 零件刨（铣）加工深度不得小于3mm；加工表面粗糙度不得低于25μm；顶紧加工面与板面垂直度偏差应小于0.01板厚，且不得大于0.3mm。

2 边缘加工应磨去剪切边缘飞刺和气割边缘的挂渣，同时将崩坑等缺陷磨平。

3 零件应根据预留加工量及平直度要求两边均匀加工。已有孔（或锁口）的零件应按孔（或锁口）中心线找正边缘。

4 坡口可采用机加工或精密切割。

5 零件加工偏差应符合表13.2.4-1和表13.2.4-2的规定。

表13.2.4-1 零件加工尺寸允许偏差

序 号	项 目			允许偏差（mm）	
	名 称		范围	宽度	孔边距
1	桁梁的弦、斜、竖杆，纵横梁，板梁主梁、平联杆件[①]	盖板（工形）	两边	±2.0	—
		竖板（箱形）	两边	±1.0	—
		腹板	两边	②	—
2	主桁节点板		三边	—	+2.0
3	座板		四边	±1.0	—

序 号	项　　　目		允许偏差（mm）	
	名　　称	范围	宽度	孔边距
4	拼接板、鱼形板、桥门架用钢板	两边	±2.0	—
5	支承节点板、拼接板、支承角	支承边	—	+0.5 +0.3
6	平联、横联节点板	焊接边	—	±0.3
7	箱形杆件内隔板	四边	+0.5 0③	—

注： 1　长度不大于10m的直线度允许偏差为2.0mm，10m以上为3.0mm，但不得有锐弯；
　　　2　腹板宽度必须按盖板厚度及焊接收缩量配制；
　　　3　箱形杆件内隔板板边垂直度偏差不得大于0.5mm。

表 13.2.4-2　箱形梁零件加工尺寸允许偏差

序号	简　　图	项　　　目		允许偏差（mm）
		名称	范围	
1		盖板	长度	+2.0 −1.0
			宽度	+2.0 0
		腹板	长度	+2.0 −1.0
			宽度	①
2		隔板	宽 B	+0.5 0
			高 H	+0.5 −0.5
			对角线差	<1.0
			垂直度	$H/2000$
			缺口定位尺寸　b	+2.0
			缺口定位尺寸　h	0
3		纵肋与横肋	按工艺文件 高 h_1（长 l）	±0.5 (0, −2.0)
			缺口定位尺寸 h_2	(0, −0.2)

注：腹板宽度必须按盖板厚度及焊接收缩量配制。

13.2.5 制孔应遵守下列规定：

1　螺栓孔应成正圆柱形，孔壁光滑，表面粗糙度≤25μm，孔缘平滑，无损伤、无刺屑。

2　组装件可预钻小孔，组装后进行扩钻。预钻孔径至少应较设计孔径小3mm，扩钻孔时，严禁飞刺和铁屑进入板层。

3　使用卡板（样板）制孔时，必须按施工图检查零件规格尺寸，核对无误后方可钻孔。对卡固式样板钻孔的杆件，应检查样板外形尺寸和制造偏差，并将误差均分。

4　螺栓孔径偏差应符合表13.2.5-1规定。

表 13.2.5-1　螺栓孔径允许偏差

序　号	项　　目		允许偏差（mm）
	螺栓直径	螺栓孔径（mm）	
1	M12	14	+0.5, 0
2	M16	18	+0.5, 0
3	M20	22	+0.7, 0
4	M22	24	+0.7, 0
5	M24	26	+0.7, 0
6	M27	29	+0.7, 0
7	M30	33	+0.7, 0

　　5　螺栓孔距偏差应符合表 13.2.5-2 规定。

表 13.2.5-2　螺栓孔距允许偏差

序　号	项　　目		允许偏差（mm）		
			主要杆件		次要杆件
			桁梁杆件	板梁杆件	
1	两相邻孔距		±0.4	±0.4	±0.4（±1.0）[2]
2	多组孔群两相邻孔群中心距		±0.8	±1.5	±1.0（±1.5）[2]
3	两端孔群中心距	$L \leqslant 11m$	±0.8	±4.0[1]	±1.5
		$L > 11m$	±1.0	±8.0[1]	±2.0
4	孔群中心线与杆件中心线的横向偏移	腹板不拼接	2.0	2.0	2.0
		腹板拼接	1.0	1.0	—

　　注：1　连接支座的孔群中心距允许偏差；
　　　　2　括号内数值为人检结构的允许偏差。

13.2.6　杆件组装应遵守下列规定：

　　1　钢板接料必须在杆件组装前完成。组装前，零部件应检查合格，连接接触面和焊缝边缘每边 30~50mm 范围内的铁锈、毛刺、氧化铁皮、油污、水分等应清除干净，显露出钢材金属光泽。

　　2　杆件的组装应在工作台上或工装胎具上进行。

　　3　配料与组装时应将焊缝错开，错开最小距离应符合图 13.2.6 的规定。

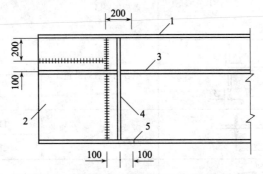

图 13.2.6　焊接杆件中焊缝错开最小距离示意图
1—盖板；2—腹板；3—板梁水平肋或箱形梁纵肋；
4—板梁竖肋或箱形梁横肋；5—盖板、腹板对接焊缝

    4　组装时必须以孔定位，每组孔应打入 10% 冲钉，且不得少于 2 个；采用先孔法的杆件，冲钉直径不得小于设计孔径 0.1mm；采用预钻小孔组装杆件时，冲钉直径不得小于预钻孔径 0.5mm。

    5　组装时，应用螺栓紧固，保证零件相互密贴，一般在各方向每隔 320mm 至少有一个螺栓。组装螺栓的数量不得少于孔眼数量的 30%；组装螺栓的螺母下最少应放置一个垫圈，且总厚度不得超过 30mm。

    6　组装后的第一个杆件，经检验确认合格后方可批量组装。

    7　杆件组装偏差应符合表 13.2.6 规定。

表 13.2.6　杆件组装允许偏差

序号	简　略	检　查　项　目		允许偏差（mm）
1		对接高低差	$t \geqslant 25$	1.0
			$t < 25$	0.5
		对接间隙 b		+1.0
2		桁梁的箱形杆件宽度 b		±1.0（有拼接）
		桁梁的箱形杆件对角线差		2.0
		桁梁的 H 形杆件和箱形杆件高度 h		+1.5 0
3		盖板中心与腹板中线的偏移 Δ		1.0
4		组装间隙 Δ		0.5
5		纵横梁高度 h		+1.5 0
		板梁高度 h	$h \leqslant 2m$	+2.0 0
			$h > 2m$	+4.0 0
6		盖板倾斜 Δ		0.5
7		组合角钢肢高低差 Δ	结合处	0.5
			其余处	1.0
8		板梁，纵、横梁加劲肋间距 s	有横向联结	±1.0
			无横向联结	±3.0
9		板梁腹板，纵、横梁腹板的局部平面度 Δ		1.0

续表

序号	简　略	检　查　项　目		允许偏差 （mm）
10	磨光顶紧	局部缝隙		≤0.2
11		箱形梁盖板、腹板的纵肋、横肋间距 s		±1.0
12		箱形梁隔板间距 s		±2.0
13		箱形梁宽度 b		±2.0
		箱形梁高度 h	h≤2m	+2.0 0
			h>2m	+4.0 0
		箱形梁横断面对角线差		3.0
		箱形梁旁弯 f		5.0

13.2.7 焊接应遵守下列规定：

1 在工厂或工地首次焊接之前或材料、工艺变化时，必须分别进行焊接工艺评定试验。焊接工艺评定应按现行《铁路钢桥制造规范》TB 10212 进行。

2 焊工和无损检测人员必须经考试合格取得资质证书后，方可从事资格证书中认定范围内的工作，焊工停焊时间超过 6 个月，应重新考核。

3 焊工应熟悉工艺要求，明确焊接工艺参数。

4 工厂焊接宜在室内进行。湿度不宜高于 80%。焊接环境温度，低合金高强度结构钢不得低于 5℃，普通碳素结构钢不得低于 0℃。主要杆件应在组装后 24h 内焊接。

5 厚度为 25mm 以上的低合金高强度结构钢进行定位焊、手弧焊与埋弧焊时，焊接前应进行预热，钢材预热温度宜为 80～120℃，预热范围为焊缝两侧 50～80mm。厚度大于 56mm 的普通碳素结构钢，焊前也应预热。

6 焊接材料应通过焊接工艺评定确定，没有生产企业质量证明书的焊接材料不得使用。储存期超过规定的焊接材料，使用前应重新按规定检验。

7 施焊时母材的非焊接部位严禁焊接引弧。

8 多层焊接宜连续施焊，并应注意控制层间温度。每一层焊缝焊完后应及时清除药皮、熔渣、溢流后，再焊下一层。

9 定位焊应符合下列要求：

1）施焊前应按施工图或工艺文件检查焊件坡口尺寸、根部间隙等，不符合要求不得施焊；

2）所采用的焊接材料型号应与焊件材质相匹配，使用前应按说明书规定的烘焙参数进行烘焙；

3）定位焊缝应距设计焊缝端部 30mm 以上；焊缝长宜为 50~100mm，间距为 400~600mm，焊脚尺寸不得大于设计焊脚尺寸的 1/2；

4）定位焊不得有裂纹、气孔、夹渣、焊瘤等缺陷，否则，应清除后重焊。

10　埋弧自动焊应在距杆件端部 80mm 以外的引弧板上起弧、熄弧，焊接中不得断弧，如有断弧必须将停弧处刨成 1∶5 的斜坡，并搭接 50mm 再引弧施焊。

11　焊缝修磨和返修应符合下列规定：

1）杆件焊接后，两端引弧板应气割切除，并磨平切口；

2）焊缝尺寸超出表 13.2.8-1 中允许的正偏差的焊缝，及小于 1mm 的咬边应磨修匀顺；

表 13.2.8-1　焊缝外观允许偏差

序　号	项　目	焊　缝　种　类		质量标准（mm）
1	气孔	横向对接焊缝		不允许
		纵向对接焊缝、主要角焊缝直径小于 1.0mm		每米不多于 3 个，间距不小于 20mm
		其他焊缝直径小于 1.5mm		
2	咬边	受拉杆件横向对接焊缝及竖加劲肋角焊缝（腹板侧受拉区）		不允许
		受压杆件横向对接焊缝及竖加劲肋角焊缝（腹板侧受压区）		≤0.3
		纵向对接焊缝及主要角焊缝		≤0.5
		其他焊缝		≤1.0
3	焊脚余高	主要角焊缝		+2.0 　0
		其他角焊缝		+2.0 −1.0
4	焊波	角焊缝		任意 25mm 范围内高低差≤2.0
5	余高	对接焊缝		焊缝宽 b≤12 时，≤3.0
				12<b≤25 时，≤4.0
				b>25 时，≤4b/25
6	余高铲磨后表面	横向对接焊缝		不高于母材 0.5
				不低于母材 0.3
				粗糙度 $Ra50$

注：1　手工角焊缝全长 10% 区段内焊脚余高允许偏差为 $^{+3.0}_{-1.0}$；
　　2　焊脚余高指角焊缝斜面相对于设计理论值的误差。

3）焊缝咬边超过 1mm 或超出负偏差的缺陷应用手弧焊进行返修焊；低合金高强度结构钢板厚度大于 25mm 时，返修焊应预热 100~150℃；

4）返修焊采用埋弧自动焊、半自动焊时，必须将清除部位的焊缝两端刨成不陡于 1∶5 的斜坡，再进行焊接；

5）返修后的焊缝应随即铲磨匀顺，并按原质量要求进行复检。返修焊次数不宜超过两次。

13.2.8 焊缝检验应遵守下列规定：

1 焊接完毕，所有焊缝必须进行外观检查，不得有裂纹、未熔合、夹渣、弧坑和超出表 13.2.8-1 规定的缺陷。

2 外观检查合格后，应在 24 小时后进行无损检验：

1）超声波探伤，内部质量分级应符合表 13.2.8-2 的规定，其他技术要求按现行《钢焊缝手工超声波探伤方法和探伤结果分级》GB 11345 执行；

表 13.2.8-2 焊缝超声波探伤内部质量分级

序 号	项 目	质 量 等 级	适 用 范 围
1	对接焊缝	I	主要杆件受拉横向对接焊缝
2		II	主要杆件受压横向对接焊缝、纵向对接焊缝
3	角焊缝	II	主要角焊缝

2）超声波探伤范围和检验等级应符合表 13.2.8-3 规定；

表 13.2.8-3 焊缝超声波探伤范围和检验等级

序号	项 目	探伤比例	探伤部位（mm）	板厚（mm）	检验等级
1	I、II 级横向对接焊缝		全长	10~46	B
				>46~56	B（双面双侧）
2	II 级纵向对接焊缝	100%	两端各 1000	10~46	B
				>46~56	B（双面双侧）
3	II 级角焊缝		两端螺栓孔部位并延长 500，板梁主梁及纵、横梁跨中加探 1000	10~46	B
				>46~56	B（双面双侧）

3）超声波探伤缺陷等级评定应符合表 13.2.8-4 规定；

表 13.2.8-4 超声波探伤缺陷等级评定

评定等级	板厚（mm）	单个缺陷指示长度（mm）	多个缺陷的累计指示长度
对接焊缝 I 级	10~56	$t/4$，最小可为 8	在任意 $9t$ 焊缝长度范围内不超过 t
对接焊缝 II 级	10~56	$t/2$，最小可为 10	在任意 $4.5t$ 焊缝长度范围内不超过 t
角焊缝 II 级	10~56	$t/2$，最小可为 10	—

注：1 母材板厚不同时，按较薄板评定；
  2 缺陷指示长度小于 800mm 时，按 5mm 计。

4）箱形杆件棱角焊缝探伤最小有效厚度为 $\sqrt{2}t$（t 为水平板厚度，以 mm 计）；

5）对接焊缝除应按规定进行超声波探伤外，尚须进行射线探伤检验，其数量不得少于 10%，且不得少于一个接头，探伤范围为焊缝两端各 250~300mm，焊缝长度大于 1200mm 时，中部应加探 250~300mm。焊缝的射线探伤应符合现行《钢熔化焊对接接头照相和质量分级》GB 3323 的规定；

6）进行超声波探伤的焊缝，当发现裂纹或较多其他缺陷时，应扩大该条焊缝探伤范围，必要时可延长至全长。进行射线探伤的焊缝，当发现超标缺陷时应加倍检验；

7）经射线和超声波两种探伤方法检查的焊缝，两种方法应达到各自合格标准，方可认为合格。

13.2.9 杆件矫正应遵守下列规定：

1 杆件矫正除应符合第13.2.3条规定外，还应注意冷矫时应缓慢加力，环境温度不宜低于5℃，冷矫总变形不得大于2%。时效冲击值不满足要求的拉力杆件，不得冷矫。

2 杆件矫正的偏差应符合表13.2.9-1和表13.2.9-2的规定。

表13.2.9-1 板梁、桁梁杆件矫正允许偏差

简　　图	项　　目		允许偏差（mm）
	盖板对腹板的垂直度 Δ	有孔部位	0.5
		其余部位	2.0
	工形、箱形杆件的扭曲 Δ		3.0
	箱形杆件中对角线差		2.0
	盖板平面度 Δ	有孔部位	0.3
		其余部位	1.0
	板梁，纵、横梁腹板的平面度 Δ		$\Delta \leqslant \dfrac{h}{500}$且$\leqslant 5.0$
	工形、箱形杆件的弯曲或纵横梁的旁弯 f		2.0（$l < 4000$） 3.0（$4000 \leqslant l \leqslant 16000$） 5.0（$l > 16000$）
	板梁，纵、横梁的拱度 f	不设拱度	+3.0 0
		设拱度	+10.0 -3.0

表 13.2.9-2　箱形梁杆件矫正允许偏差

简　图	项　　目		允许偏差（mm）
	盖板对腹板的垂直度 Δ	有孔部位	1.0
		其余部位	3.0
	隔板弯曲 f	横向 纵向	2.0
	腹板平面度 Δ	横向	$\dfrac{h}{250}$
		有孔部位	2.0
		纵向	$\dfrac{L}{500}$
	盖板平面度 Δ	有孔部位	2.0
		横向	$\dfrac{s}{250}$
		纵向 4m 范围	4.0
	腹板平面度	横向 Δ_1	$\dfrac{h}{250}$ 且 ≤3
		纵向 Δ_2	$\dfrac{l_0}{500}$ 且 ≤5.0
	盖板平面度	横向 Δ_3	$\dfrac{s}{250}$ 且 ≤3.0
		纵向 Δ_4	$\dfrac{l_1}{500}$ 且 ≤5.0
	扭曲		每米 ≤1，且每段 ≤10

13.2.10 高强度螺栓应符合下列规定：

1　钢梁所用高强度螺栓宜选用大六角头螺栓。高强度螺栓及螺母、垫圈应由有资质的专业生产企业配套供货。

2　高强度螺栓及螺母、垫圈的外形尺寸公差与技术条件应符合现行国家标准《钢结构用高强度大六角头螺栓、大六角螺母、垫片技术条件》GB/T 1228～1231 的规定。高强度螺栓及螺母、垫圈表面应进行防锈处理。

3　高强度螺栓连接副在运输和保管过程中应防雨、防潮，并应轻装、轻卸，防止损坏。

4　高强度螺栓连接副应按包装箱的批号、规格分类保管，保管期内不得任意开箱，防止生锈和污染。

5 每批高强度螺栓连接副应有出厂合格证，运至工地后，应从各批中抽样复验，合格后方可使用。

13.2.11 高强度螺栓连接的栓接板面（摩擦面）必须进行处理，处理后不得有毛刺和残留氧化铁皮，其抗滑移系数应符合设计要求。在运输过程中摩擦面不得损伤、污染。经过处理的摩擦面，出厂时应按批附有 3 组同材质、同处理方法的试件，由工地安装单位复验抗滑移系数。

13.2.12 杆件表面和摩擦面除锈应遵守下列规定：

1 除锈应在制作质量合格后进行。

2 除锈方法可参照表 13.2.12 选择，除锈等级应符合设计要求。

表 13.2.12 除锈等级

除锈方法	喷射或抛射除锈			手工或动力工具除锈	
除锈等级	Sa2	Sa2.5	Sa3	St2	St3

3 除锈后的摩擦面宜喷涂无机富锌底漆或热喷涂铝层。

13.2.13 焊钉焊接应遵守下列规定：

1 钢结构结合梁的抗剪焊钉必须用专用焊机进行焊接。

2 正式施焊前应做 3 组以上焊钉试件，确定焊接工艺参数。

3 焊钉试件应按现行《圆柱头焊钉》GB 10433 规定，进行抗拉强度试验，其破断拉力应符合表 13.2.13 的规定；

表 13.2.13 焊钉破断拉力

拉力载荷（N）	直径（mm）						
	6	8	10	13	16	19	22
最大值	15550	27600	43200	73000	111000	156000	209000
最小值	11310	20100	31400	53100	80400	113000	152000

4 焊钉焊接前翼缘板表面不得涂漆，并清除表面浮锈污物。

5 焊钉焊接后，应按现行《圆柱头焊钉》GB 10433 规定进行焊接部位的弯曲试验，即用大锤打击焊钉，使焊钉弯曲 30°时，其焊缝和热影响区没有肉眼可见的裂缝。

13.2.14 钢梁试拼装应遵守下列规定：

1 试拼装可采用局部试装法，未经试装合格，不得成批生产或出厂。

2 钢梁试拼装前的杆件应将孔边的飞刺、板层间刺屑、边缘飞刺、电焊溶渣飞溅物等清除干净，杆件边缘和端部的允许缺陷均应铲磨匀顺。

3 试拼装时有磨光顶紧要求的杆件，应有 75% 以上的面积密贴。用 0.2mm 塞尺检查，其塞入面积不得超过 25%。

4 试拼装时，螺栓应紧固到板层密贴，冲钉不得少于孔眼总数的 15%，螺栓不得少于孔眼的 25%。

5 试拼装时，每一节点板束孔应有 85% 的孔能自由通过比公称孔径小 1.0mm 的试孔器；100% 的孔能自由通过比螺栓公称直径大 0.2~0.3mm 的试孔器。

6 钢梁试拼装的主要尺寸偏差应符合表13.2.14-1～表13.2.14-3的规定。

表 13.2.14-1　板梁试拼装主要尺寸允许偏差

序　号	项	目	允许偏差（mm）
1	梁高 h	$h \leqslant 2m$	±2
		$h > 2m$	±4
2	跨度 L	支座中心至中心	±8
3	全长	全桥长度	±15
4	主梁中心距		±3
5	平联节间对角线差		3
6	横联对角线差		4
7	旁弯	桥梁中心线与试拼装全长 L 的两端中心所连直线的偏差	$L/5000$
8	主梁倾斜		5
9	支点高低差	支座处三点水平时，另一点翘起高度	3

注：h—梁高；L—跨度。

表 13.2.14-2　桁梁试拼装主要尺寸允许偏差

序　号	项	目	允许偏差（mm）
1	桁高	上下弦杆中心距离	±2
2	试装全长 L	$L \leqslant 50m$	±5
		$L > 50m$	± $L/10000$
3	节间长度		±2
4	主桁中心距		±3
5	节间平面对角线		±3
6	旁弯	桥面系中线与其试拼装全长 L 的两端中心所连接直线的偏差	$L/5000$
7	设计预拱度 f	$f \leqslant 60mm$	±3
		$f > 60mm$	± $(5/100)f$

注：每个试装组件指由制作段组成的试拼装段，不应少于3个制作段。

表 13.2.14-3　箱形梁试装主要尺寸允许偏差

序　号	项	目	允许偏差（mm）
1	梁高 h	$h \leqslant 2m$	±2
		$h > 2m$	±5
2	跨度 L	支座中心至中心	$(5 + 0.15L)$（L 以 m 计）
3	全长	全桥长度	±15
4	腹板中心距		±3
5	盖板宽		±4
6	横断面对角线差		<4
7	旁弯	腹板中线与两端中心边线在平面内的偏差	$3 + 0.1L$（L 以 m 计）
8	拱度	$L \leqslant 40m$	+10 −5

序　号	项　　　目		允许偏差（mm）
9	盖板、腹板平面度		$<h_1/250$ 且 $\leqslant 8$（h_1 为盖板与加劲肋或加劲肋与加劲肋之间的距离）
10	扭曲	每段以两端隔板处为准	每米 $\leqslant 1$，且每段 $\leqslant 10$
11	支点高低差		5

7　试拼装应有详细的质量检测记录。

13.2.15　钢梁杆件基本尺寸偏差应符合表 13.2.15-1 ～ 表 13.2.15-3 的规定。

表 13.2.15-1　板梁基本尺寸允许偏差

项　　目		检 查 方 法	允许偏差（mm）
名　称			
梁高 h	$h\leqslant 2m$	测量两端腹板处高度	±2
	$h>2m$		±4
跨度		测量两支座中心距离	±8
全长		测量全桥长度	±15
纵梁长度		测量两端角钢背与背之间的距离	+0.5，−1.5
横梁长度			±1.5
纵梁高度		测量两端腹板处高度	±1.0
横梁高度			±1.5
纵、横梁旁弯		梁立置时在腹板一侧距主焊缝100mm处拉线测量	3
主梁拱度 f		梁卧置时在下盖板外侧拉线测量	不设拱度　　+3，0
			设拱度　　　+10，−3
两片主梁拱度差		分别测量两片主梁拱度，求差值	4
主梁腹板平面度		用平尺测量（h 为梁高或纵向加劲肋至下盖板间的距离）	$<\dfrac{h}{350}$ 且 $\leqslant 8$
纵、横梁腹板平面度			$\dfrac{h}{500}$ 且 $\leqslant 5$
主梁、纵横梁盖板对腹板的垂直度	有孔部位	用直角尺测量	0.5
	其余部位		1.5

表 13.2.15-2　桁梁杆件基本尺寸允许偏差

简　　图	项　目			允许偏差（mm）
	名　称		检查方法	
联结系杆件	高度 h		测量两端腹板处高度	±1.5
	盖板宽度 b		每2m测一次	±2.0
	长度 l		测量全长	±5
纵横梁	纵梁高度 h		测量两端腹板处高度	±1.0
	横梁高度 h			±1.5
	盖板宽度 b		每2m测一次	±2.0

简　图	项　　目			允许偏差（mm）
	名　称		检查方法	
	纵横梁	纵梁长度 l	测量两端角钢背至背之间的距离	+0.5，-1.5
		横梁长度 l		±1.5
		旁弯 f	梁立置时，在腹板一侧距主焊缝100m处拉线测量	3
		上拱度 f	梁卧置时，在下盖板外侧拉线测量	+3 0
		腹板平面度 Δ	用平尺测量	h/500 且 ≤5
		盖板对腹板的垂直度 Δ	有孔部位	0.5
			其余部位	1.5
	主桁杆件	高度 h	测量两端腹板处高度	±1.0
		盖板宽度 b	每2m测一次	±2.0①
		长度 l	测量全长	±5
		工形件的盖板对腹板的垂直度 Δ	有孔部位	0.5
			其余部位	1.5
		弯曲 f	拉线测量	2（l≤4000） 3（4000＜l≤16000） 5（l≤16000）
		扭曲 Δ	杆件置于平台上，四角中有三角接触平台，悬空一角与平台之间隙	3

注：① 箱形杆件有拼接要求时为±1.0。

表13.2.15-3　箱形梁基本尺寸允许偏差

项　　目		检查方法	允许偏差（mm）
梁高 h	h≤2m	测量两端腹板处高度	±2
	h＞2m		±4
跨度 L		测量两支座中心距离	±(5＋0.15L)，L 以 m 计
全长		测量全桥长度	±15

续表

项　　　目		允许偏差（mm）
名　　称	检　查　方　法	
腹板中心距	测两腹板中心距	±3
盖板宽度 b	—	±4
横断面对角线差	测两端断面对角线差	4
旁弯	—	$3 + 0.1L$
拱度	—	+10，-5
支点高度差	—	5
腹板平面度	h 为盖板与加劲肋或加劲肋与 加劲肋之间的距离	$< \dfrac{h}{250}$ 且 ≤8
扭曲	每段以两端隔板处以为准	每米≤1，且每段≤10

注：1　分段分块制造的箱形梁拼接处，梁高及腹板中心距允许偏差按施工文件要求办理；
　　2　箱形梁其余各项检查方法可参照板梁检查方法。

13.2.16　厂内涂装应遵守下列规定：

1　涂装前先进行除锈处理，并符合本章第 13.2.12 条的规定。首层底漆于除锈后 4h 内开始，8h 内完成。涂装时的环境温度和相对湿度应符合涂料使用说明书的规定；当产品说明书无规定时，环境温度宜在 5～38℃，相对湿度不得大于 85%。当相对湿度大于 75% 时应在 4h 内涂完。

2　需在工地焊缝的杆件，应在焊缝两侧留出 30～50mm 暂不涂装。

3　涂料、涂装层数应符合设计要求；涂层干漆膜总厚度应符合设计要求。当规定层数达不到规定干漆膜总厚度时，应增加涂层层数。

4　涂装应在天气晴朗、四级（不含）以下风力时进行，夏季应避免阳光直射。涂装时杆件表面不得有结露，涂装后 4h 内应保护免受风雨。

5　杆件码放应在涂层实干后进行。遇漆膜损伤，应及时补涂。

13.2.17　钢梁成品出厂时应提交下列文件：

1　产品合格证；

2　钢材和其他材料质量证明书和检验报告；

3　施工图，拼装简图；

4　高强度螺栓摩擦面抗滑移系数试验报告；

5　焊缝无损检验报告和焊缝重大修补记录；

6　工厂试拼装记录；

7　杆件发运清单；

8　隐蔽验收单。

13.2.18　钢梁杆件的支点及吊点位置应符合设计要求。吊环（含焊缝）、吊孔应经计算确定。

13.2.19　钢梁杆件在存放和运输时不得变形、不得损伤。

13.3　现 场 安 装

13.3.1　钢梁安装前应做充分的准备工作，并遵守下列规定：

1 安装前应对临时支架、支承等临时结构和钢梁杆件本身在不同受力状态下的强度、刚度和稳定性进行验算。

2 应按照杆件明细表核对进场的杆件和零件，查验产品出厂合格证及材料质量证明书。

3 对杆件进行全面质量检查，对装运过程中产生缺陷和变形的杆件，应按本章第13.2.9条规定予以矫正。

4 应对桥台、墩顶面高程、中线及各孔跨径进行复测，误差在允许偏差内方可安装。

5 应根据跨径大小、河流情况、起重能力选择安装方法。

13.3.2 在钢梁安装过程中对杆件的制孔、组装、焊接等应遵守本章第13.2节的有关规定。

13.3.3 钢梁安装应遵守下列规定：

1 杆件应预先组拼、栓合或焊接，组拼单元应根据现场吊装能力确定。容易变形的杆件应采取加固措施。

2 安装前应清除杆件上的附着物，摩擦面应保持干燥、清洁。安装中应采取措施防止杆件产生变形。

3 在满布支架上安装钢梁时，冲钉和粗制螺栓总数不得少于孔眼总数的1/3，其中冲钉不得多于2/3。孔眼较少的部位，冲钉和粗制螺栓不得少于6个或将全部孔眼插入冲钉或粗制螺栓。

4 用悬臂和半悬臂法安装时，连接处所需冲钉数量应按所承受荷载计算确定，且不得少于孔眼总数的1/2，其余孔眼布置精制螺栓。冲钉和精制螺栓应均匀安放。

5 高强度螺栓栓合安装时，冲钉数量应符合本条第3、4款规定，其余孔眼布置高强度螺栓。

6 安装用的冲钉直径宜小于设计孔径0.3mm，冲钉圆柱部分的长度应大于板束厚度；安装用的精制螺栓直径宜小于设计孔径0.4mm；安装用的粗制螺栓直径宜小于设计孔径1.0mm。冲钉和螺栓宜选用Q235碳素结构钢制造。

7 桁梁安装应按节间依次进行，并及时栓合完毕。安装中未栓合的节间不得超过2个；悬臂安装中主梁各节点应一次栓合完毕。

8 箱形梁安装，在接口对位后，宜用临时连接板固定。临时连接板一端应设椭圆孔，以满足箱梁随温度变化的伸缩。在气温达到设计要求时方可进行正式连接板的号孔，连接板投孔宜用工厂样板套钻；在气温达到号孔温度时方可进行连接板与箱梁的栓合，栓合应两端同时进行，先腹板后盖板。

9 吊装杆件时，必须等杆件完全固定后方可摘除吊钩。

10 安装过程中，每完成一个节间或节段应测量其轴线、高程和预拱度，不符合要求应及时进行校正。

13.3.4 高强度螺栓连接应遵守下列规定：

1 由制造企业处理的钢桥杆件摩擦面，安装前应复验出厂所附试件的抗滑移系数，合格后方可进行安装。

2 高强度螺栓的施工预拉力应符合设计要求。

3 高强度螺栓连接副（螺栓、螺母、垫圈）在运输和储存时应轻装、轻卸，分类包装、分批保管，并应防潮、防锈、防污。使用前应进行外观检查并应在同批内配套使用。

使用时不得沾染油污、泥水。

4 施工前，高强度螺栓连接副应按出厂批号复验扭矩系数，每批号抽验不少于8套，其平均值和标准偏差应符合设计要求。设计无要求时平均值应为0.11~0.15，其标准偏差应小于或等于0.01。复验数据应作为施拧的主要参数。

5 高强度螺栓长度必须与拼装图的规定一致。高强度螺栓应顺畅穿入孔内，不得强行敲入，穿入方向应全桥一致。被栓合的板束表面应垂直于螺栓轴线，否则应在螺栓垫圈下面加垫斜坡垫板。高强度螺栓不得作为临时安装螺栓。

6 施拧高强度螺栓应按一定顺序，从板束刚度大，缝隙大之处开始，大面积节点板应由中央向四周边缘辐射进行，最后拧紧端部螺栓，并应在当天施拧完毕。施拧时，不得采用冲击拧紧、间断拧紧，且不得在雨中作业。

7 用扭矩法拧紧高强度螺栓连接副时，初拧、复拧和终拧应在同一工作日内完成。初拧扭矩应由试验确定，一般可取终拧值的50%，初拧后应对每个螺栓用敲击法检查。终拧方法可选用扭矩法或转角法，并在施工中填写记录。

8 扭矩法采用电动或手动扳手将初拧后的螺母拧紧至规定扭矩，终拧扭矩值应按下式计算：

$$T_c = KP_c d \tag{13.3.4}$$

式中 T_c——终拧扭矩，N·m；

K——高强度螺栓连接副的扭矩系数平均值，按本条第4款规定测定；

P_c——高强度螺栓的施工预拉力，kN；

d——高强度螺栓公称直径，mm。

转角法的施拧方法和终拧扭矩值应符合现行《铁路钢桥高强度螺栓连接施工规定》TBJ 214的有关规定。

9 施拧高强度螺栓连接副采用的扭矩扳手，应定期进行标定；作业前应进行校正，其扭矩误差不得大于使用扭矩的±5%。

10 高强度螺栓施拧完毕应按下列规定检查：

1）应设专职人员检查，当天拧好的螺栓应当天检查；

2）采用螺母松扣、回扣法检查时，先在螺栓与螺母的相对位置划一细直线作为标记，然后将螺母拧松，再用扳手拧回原来位置（划线处重合）读得此时扭矩值；采用紧扣法检查时，读取刚刚紧扣微小转动的扭矩值。上述扭矩值读数分别与规定值比较，超拧值或欠拧值均不大于规定值的10%者为合格；

3）对主桁节点及板梁主体及纵、横梁连接处，每栓群按总数的5%抽检，不得少于2套；其余每节点不少于1套进行终拧扭矩检查；

4）每个栓群或节点检查的螺栓，其不合格率不得超过抽检总数的20%，如超过此值，则继续抽检，直至合格率达到累计总数的80%为止；

5）检查终拧扭矩时，对欠拧者补拧至规定扭矩，对超拧者更换连接副后重新拧紧。

11 高强螺栓终拧完成，经检验合格后应立即对叠板间缝隙、螺栓头、螺母、垫圈等用腻子封闭，并及时涂防护漆。

13.3.5 现场焊接连接应遵守下列规定：

1 钢梁杆件现场焊接应按设计要求的顺序进行。设计无要求时，纵向宜从跨中向两端进行，横向宜从中线向两侧对称进行。

    2 现场焊接应设立防风设施，遮盖全部焊接处。雨天不得焊接，箱形梁内进行 CO_2 气体保护焊时，必须使用通风防护设施。

    3 焊接施工时的技术要求、检验要求应遵守本章第 13.2.7 条和第 13.2.8 条规定。

13.3.6 落梁就位应遵守下列规定：

    1 钢梁就位前应清理支座垫石，其标高及平面位置应符合设计要求。

    2 固定支座与活动支座的精确位置应按设计图并考虑安装温度、施工误差等确定。

    3 落梁前后应检查其建筑拱度和平面尺寸、校正支座位置，并做记录。

    4 钢梁体系转换应按设计要求进行，砂箱的卸落应统一指挥、令行禁止、定时定量、对称同步，确保梁体平衡下落，使钢梁各杆件受力均衡且符合设计要求。

    5 用千斤顶落梁时应设保险支座；千斤顶安放位置应符合设计要求，不得随意更改。

    6 多孔连接梁应分阶段均匀落梁，随时观测起落高度、支点反力、支点位移、跨中挠度等变化情况，以便及时调整。

13.3.7 现场涂装应遵守下列规定：

    1 涂装应符合设计要求，防腐涂料应有良好的附着性、耐蚀性，其底漆应具有良好的封孔性能。钢梁表面处理的最低等级为 Sa2.5。

    2 上翼缘板顶面和剪力连接器应进行除锈、防腐蚀处理，但不得涂装。

    3 涂装层数和漆膜厚度应符合设计要求，设计无规定时应符合表 13.3.7 的规定。

表 13.3.7　钢桥的涂装层数和涂膜厚度

部　　　　位	最小干膜总厚度（μm）	涂装层数	
		底　漆	面　漆
板梁、箱梁上盖板和桁梁桥面系上盖板	240	3	4
其他部位	180	2	3

    4 钢桥涂装完成后，应表面有光泽、颜色均匀。不得有漏底、漏涂与涂层剥落、破裂、起泡、划伤等缺陷。

    5 涂装尚应符合本章第 13.2.16 条规定。

14 拱 结 构

14.1 一 般 规 定

14.1.1 拱桥的施工组织设计应包括以下主要内容：

1 支架、拱架结构及其安装、卸落设计；

2 拱架及劲性骨架预压、卸载的方法和程序；

3 拱圈（拱肋）施工方法、程序；

4 大跨径拱圈的合拢设计；

5 少支架或无支架安装时的支架、塔架、地锚、扣索、悬吊设施、起重设施设计。

14.1.2 拱圈（拱肋）施工时应按设计要求预加拱度；中小跨径设计无要求时，可根据恒载挠度、拱架和支架的变形确定拱圈（拱肋）预拱度。预拱度取值：拱顶为 $L/500 \sim L/1000$，拱脚为 0，跨间按抛物线分配。

14.1.3 拱圈（拱肋）封拱合拢温度应符合设计要求；设计无要求时，宜在当地年平均温度或 $5 \sim 10℃$ 时进行。

14.1.4 砌筑和现浇混凝土拱圈前，应检测桥梁墩、台高程、轴线、跨径和拱架高程、轴线，并检查模板安装质量，确认合格。

14.1.5 大跨度拱桥、无支架缆索吊装拱桥合拢前后，应掌握当地历史气象资料和近期气象资料，避开可能发生的灾害性天气，并采取必要的预防措施，确保结构安全。

14.1.6 施工中应对施工支架、拱架、塔架等临时设施和拱圈的变形、稳定性进行监控，发现异常应立即停止施工，采取相应的技术安全措施。

14.2 砌 筑 拱 圈

14.2.1 拱石和混凝土预制块强度等级以及砌体所用水泥砂浆的强度等级，应符合设计要求。当设计对砌筑砂浆强度无要求时，拱圈跨度小于或等于 30m 不得低于 M10，大于 30m 不得低于 M15。砂浆稠度宜选用 $50 \sim 70$mm。

14.2.2 拱石加工，应按砌缝和预留空缝的位置和宽度，统一规划，并应遵守下列规定：

1 拱石应立纹破料，按样板加工，石面平整。

2 每侧拱石的立面砌缝应成辐射状，除拱顶石和拱座附近的拱石外每排拱石沿拱圈内外弧宽度应一致。

3 拱座可采用五角石，拱座平面应与拱轴线垂直。

4 拱石两相邻排间的砌缝，必须错开 100mm 以上。

5 当拱圈曲率较小，拱石立面可为矩形；拱圈曲率较大时，拱石立面应为上大、下小的梯形。

  6 拱石的尺寸应符合下列要求：

  1）宽度（拱轴方向），内弧边不得小于 200mm；

  2）高度（拱圈厚度方向）应为内弧宽度的 1.5～2 倍；

  3）长度（拱圈宽度方向）应为内弧宽度的 1.5～4 倍。

14.2.3 混凝土预制块形状、尺寸应符合设计要求。预制块应提前 2～4 个月预制，并加强养护，减少后期收缩。

14.2.4 砌筑程序应符合下列规定：

  1 跨径 <10m 的拱圈，当用满布式拱架砌筑时，可从两端拱脚起顺序向拱顶方向对称、均衡地砌筑，最后在拱顶合拢。当用拱式拱架砌筑时，宜分段、对称先砌拱脚和拱顶段。

  2 跨径 10～25m 的拱圈，应分 7 段砌筑，如图 14.2.4 所示，先对称地砌拱脚段（Ⅰ）和拱顶段（Ⅱ），再砌 1/4 跨径段（Ⅲ），最后砌封顶段（Ⅳ）。

  3 跨径 ≥25m 的拱圈应按跨径大小、拱架类型，分成若干段对称砌筑；每段砌筑应由拱脚向拱顶方向进行。必要时可用预压加载，边砌边卸载的方法砌筑。

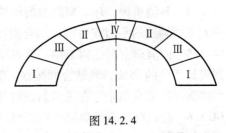

图 14.2.4

  4 大跨度拱圈可采用分环砌筑、分环合拢，逐环承载的方法砌筑，并应符合下列要求：

  1）底环圬工体积，宜占拱圈的 50%～60%；

  2）底环封拱砂浆强度达到设计强度的 70% 后方可砌筑上环。

14.2.5 拱圈砌缝宽度应符合下列规定：

  1 用砂浆砌筑料石和混凝土砌块的砌缝宽度应为 10～20mm。

  2 用砂浆砌筑块石砌缝宽度不得大于 30mm；砌筑片石砌缝不得大于 40mm。

  3 用豆石混凝土砌筑块石砌缝宽度不得大于 50mm；砌筑片石砌缝宽度不得大于 70mm。

14.2.6 空缝的设置和填塞应符合下列规定：

  1 砌筑拱圈时，应在拱脚和各分段点设置空缝。

  2 空缝的宽度在拱圈外露面应与砌缝一致，空缝内腔可加宽至 30～40mm，以便于砂浆的填塞。

  3 跨径 ≥16m 的拱圈，拱脚附近的空缝宜用铸铁隔垫；其余空隙可用 M20 砂浆垫块隔垫。

  4 在砌筑砂浆强度达到设计强度的 70% 后，方可用 M20 以上半干硬水泥砂浆分层填塞空缝。

  5 空缝可由拱脚逐次向拱顶对称填塞，也可同时填塞。

14.2.7 拱圈封拱合拢时圬工强度应符合设计要求，设计无要求时，填缝的砂浆强度应达到设计强度的 50%；封拱合拢前用千斤顶施压调整应力时，拱圈砂浆必须达到设计强度。

14.3 拱架上浇筑混凝土拱圈

14.3.1 跨径小于16m的拱圈或拱肋混凝土，应按拱圈全宽从拱脚向拱顶对称、连续浇筑，全部拱圈混凝土浇筑必须在混凝土初凝前完成。

14.3.2 跨径大于或等于16m的拱圈或拱肋混凝土宜分段浇筑。每段皆由拱脚向拱顶方向对称进行。拱脚、拱顶及各分段点应留0.5~1.0m宽的间隔槽。分段长度应视混凝土浇筑能力和拱架、支架情况而定，分段长度一般取5~12m，分段点宜设在拱架的反弯点、节点或1/4跨径处。

14.3.3 大跨径拱圈混凝土宜采用分环（层）方法浇筑，也可纵向分幅浇筑，中幅先行浇筑合拢，达到设计要求后，再横向对称浇筑其他幅。

14.3.4 各浇筑段、环、幅的混凝土应一次连续浇筑完成，因故中断时，应将施工缝凿成垂直于拱轴线的平面或台阶式结合面。

14.3.5 间隔槽混凝土应采用补偿收缩混凝土，施工时应待拱圈分段浇筑完成，其强度达到设计强度的75%，且结合面按施工缝处理后，方可由拱脚向拱顶方向对称浇筑。拱顶及两拱脚间隔槽混凝土应在最后封拱时浇筑。

14.3.6 分段浇筑钢筋混凝土拱圈时，纵向不得采用通长钢筋，钢筋接头应安设在后浇的几个间隔槽内，并应在浇筑间隔槽混凝土时焊接。

14.3.7 拱圈封拱合拢时混凝土强度应符合设计要求，设计无要求时，各段混凝土强度应达到设计强度的75%；封拱合拢前用千斤顶施加压力的方法调整拱圈应力时，拱圈（包括已浇间隔槽）的混凝土强度应达到设计强度。

14.3.8 在拱圈浇筑和卸落拱架的过程中，应随时观测拱圈、拱架的挠度和横向位移以及墩台变化情况，发现异常应及时采取措施，必要时调整浇筑或卸架程序。

14.4 劲性骨架浇筑混凝土拱圈

14.4.1 劲性骨架浇筑混凝土拱圈，主要用于大跨径拱桥、无支架悬挂模板现浇，施工前必须进行加载程序设计，并编制监控方案。

14.4.2 劲性骨架（钢桁架拱圈、钢管混凝土拱圈或钢管混凝土桁架拱圈等）宜采用工厂制作，现场分段吊装架设连接成拱。

14.4.3 施工前应分别验算骨架安装阶段及混凝土浇筑各阶段的受力状态，确保劲性骨架混凝土拱圈施工过程的各阶段都必须有足够的强度、刚度和稳定性。

14.4.4 劲性骨架混凝土拱圈的浇筑，可采用分环多工作面均衡浇筑法、分环分段浇筑法、水箱压载平衡浇筑法或斜拉扣挂分环连续浇筑法。

14.4.5 采用分环多工作面均衡浇筑法浇筑劲性骨架混凝土拱圈时，各工作面可分成若干工作段进行浇筑，各工作面的浇筑应对称、均衡，两对应工作面浇筑进度差不得超过一个工作段。

14.4.6 采用分环分段浇筑法浇筑劲性骨架混凝土拱圈时，应制定浇筑程序、分段分环浇筑、分环合拢和分环承载各阶段的骨架及骨架与分环混凝土拱圈联合结构的变形、应力及稳定性，并在施工中严格监控。

14.4.7 采用水箱压载平衡浇筑法浇筑劲性骨架混凝土拱圈时，应制定压载、卸载和混凝土浇筑程序，计算该程序实施过程中骨架及拱圈结构的变形、应力和稳定。在施工中严格控制拱圈的竖向和横向变形，防止骨架局部失稳。为适应钢骨架变形，避免混凝土开裂，浇筑第一环混凝土时可在 L/4 处设 200mm 宽的变形缝，待第一环混凝土浇筑完成后用高一级的混凝土填实。

14.4.8 用斜拉扣挂分环连续浇筑法连续浇筑劲性骨架混凝土拱圈时，应设计扣索的张拉与放松程序，有效地控制拱圈截面应力和变形，确保混凝土从拱脚向拱顶对称连续浇筑。

14.4.9 在拱圈浇筑和卸落拱架过程中，应随时观测劲性骨架和拱圈、拱架的挠度和横向位移，发现异常应及时采取措施。

14.5 装配式混凝土拱

14.5.1 拱肋、拱片预制前应按 1:1 比例放样，放样尺寸应计入预拱度。放样水平长度及拱轴线偏差不得大于 L/5000。

14.5.2 装配式拱桥构件吊装时，混凝土的强度不得低于设计要求；设计无要求时，不得低于设计强度的 75%。

14.5.3 大、中跨径装配式拱施工前，必须核对验算各构件吊运、堆放、安装、拱肋合拢和施工加载等各阶段强度和稳定性。

14.5.4 拱肋预制应遵守下列规定：

1 小跨拱肋可整跨预制；大跨拱肋应按设计要求分段预制。

2 拱肋宜立式预制；卧式预制时，应有可靠的起吊扶正措施。

3 箱形、U 形断面的拱肋，必须立式预制。

4 分段预制拱肋时，其上缘弧长宜比设计弧长短 5~10mm，使拱肋合拢时保留上缘开口，便于调整拱轴线。

14.5.5 桁架拱片预制应遵守下列规定：

1 桁架拱片可整片、分段或分杆件预制，分段或分杆件预制时，应具有接头构造详图。

2 桁架拱片宜采用卧式预制，吊运时应水平起吊悬空翻身竖立。

3 桁架拱片的薄弱部位在起吊时应予以加固。

14.5.6 少支架安装拱肋应遵守下列规定：

1 支架应设在拱肋分段接头处，支架只承受横梁自重及其施工荷载。拱肋合拢后即可卸架。

2 支架顶部应设能满足多次落架需要的砂箱、千斤顶等落架装置。

3 拱肋安装根据现场条件可选用通用起重机、龙门起重机、缆索吊机、起重扒杆、浮吊等起重设备。

4 拱肋安装就位后应立即检测轴线位置和高程，符合设计要求后方可固定、松索。并及时安设支撑和横向联系，防止倾倒。

5 现浇拱肋接头和合拢缝宜采用补偿收缩混凝土。横系梁混凝土宜与接头混凝土一并浇筑。

　　6　支架卸落应符合下列要求：

　　1）当拱肋接头及横系梁混凝土达到设计强度的75%，且满足设计要求后，方可卸落支架；

　　2）拱圈的混凝土质量、台后填土情况经检查，确认符合设计要求后方可卸架；

　　3）支架卸落宜分两次或多次进行，使拱圈逐渐受力成拱；

　　4）卸架时应观测拱圈挠度和墩、台变位情况，发现异常应及时采取措施；

　　5）多跨拱桥卸架应在各跨拱肋合拢后进行，若需提前卸架，必须经验算确认桥墩能够承受不平衡水平推力。

14.5.7　无支架安装拱肋应遵守下列规定：

　　1　拱肋安装应结合桥梁规模、现场条件等选择适宜的吊装机具，并制定吊装方案。起重设施、设备均应按相关规范经过设计确定。

　　2　缆索吊机安装应符合下列要求：

　　1）承重主索、塔架、索鞍、风缆、地锚等设施的强度及稳定性以及地基承载力均应按有关规定验算，确认符合要求；

　　2）主索计算荷载应计入冲击系数1.2，主索设计垂度可采用塔架间距的1/15～1/20；

　　3）缆索吊机组装完毕应全面检查，并进行试吊，试吊荷载不得小于使用荷载的130%。

　　3　扣架、扣索应符合下列要求：

　　1）扣架底部应与墩、台固定，架顶应设置风缆；

　　2）各扣索位置必须与所吊挂的拱肋在同一竖直面内；

　　3）扣架顶面高程应高于拱肋扣环高程；

　　4）扣架应进行强度和稳定性验算。

　　4　拱肋吊装时，除拱顶段以外，各段应设一组扣索悬挂。

　　5　各段拱肋由扣索悬挂时，必须设置风缆，其布置与安装应符合下列要求：

　　1）每对风缆与拱肋水平投影的夹角不宜小于50°；

　　2）拱肋分3段或5段拼装时，至少应保持2根基肋设置固定风缆，拱肋接头处应横向连接；

　　3）固定风缆应待全孔合拢、横向连接构件混凝土强度满足设计要求后才可撤除；

　　4）在河流中设置风缆时，必须采取可靠的防护措施，防止风缆受到水流冲击。

　　6　多孔拱桥吊装应按设计加载程序进行，宜由桥台或单向推力墩开始依次吊装。

　　7　中、小跨拱，整根拱肋吊装或每根拱肋分两段吊装时，横向稳定系数不小于4，可采取单肋合拢，嵌紧拱脚后，松索成拱。

　　8　当跨径大于80m或单肋横向稳定系数小于4时，应采用双基肋合拢松索成拱的方式，即两根拱肋分别合拢并固定双肋间横向联系，拉好风缆后再同时松卸两根拱肋的扣索和起重索。

　　9　当拱肋分数段吊装时，均应先从拱脚段开始，依次向拱顶分段吊装，最后由拱顶段合拢。

　　10　拱肋松索应符合下列要求：

1）松索前应校正拱轴线位置及各接头高程；

2）每次松索均应采用仪器观测，控制拱轴线位置和各接头、拱顶及 1/4 高程，防止拱肋接头发生非对称变形而导致拱肋失稳或开裂；

3）松索应自拱脚向拱顶，先松拱脚段扣索一次，然后按比例定长、对称、均匀松索；

4）每次松索量宜小，各接头高程变化不宜超过 10mm；

5）当接头高程接近设计值时，宜用钢板嵌塞接头缝隙，再松索、压紧接头缝、拧紧螺栓，调整拱肋轴线及接头高程符合设计要求后，接头施焊固结，最后松索成拱。

14.5.8 装配式拱桥施工过程中，应配合施工进度对拱肋、拱圈的挠度和横向位移、混凝土裂缝、墩台变位、安装设施的变形和变位等项目进行观测。

1 拱肋吊装合拢时，应进行接头高程和轴线位置的观测，以控制、调整其拱轴线，使之符合设计要求。

2 多孔拱桥，一孔吊装拱上建筑时，应观测相邻孔拱圈的挠度和墩台位移。

3 少支架安装拱肋施工中应对支架的变形和位移、节点和卸架设备的压缩以及支架基础的沉陷等进行观测，发现超过允许值的变形、变位，应及时采取措施予以调整。

4 无支架安装拱肋施工中随时观测吊装设备的塔架、主索、扣索、索鞍、地锚等的变形和变位，发现异常应及时采取措施。

14.6 钢管混凝土拱

14.6.1 钢管拱肋制作应遵守下列规定：

1 钢管拱肋加工的分段长度应根据材料、工艺、运输、吊装等因素确定。在制作前，应根据温度和焊接变形的影响，确定合拢节段的尺寸，并绘制施工详图，精确放样。

2 弯管宜采用加热顶压方式，加热温度不得超过 800℃。钢管对接端头失圆度不宜大于钢管外径的 3‰。钢管的对接环焊缝间距，直缝焊接管不小于管的直径，螺旋焊接管不小于 3m。对接径向偏差不得超过壁厚的 0.2 倍。

3 拱肋所有焊缝均应进行外观检查，其质量应符合设计要求和国家现行标准规定。对接焊缝应 100% 进行超声波探伤。

4 在钢管拱肋上应设置混凝土压筑孔、防倒流截止阀、排气孔和扣点、吊点节点板。对压筑混凝土过程中易产生局部变形的结构部位应设置内拉杆。

5 钢管拱肋加工成品应在厂内试拼，检验合格后解体出厂。

14.6.2 钢管拱肋安装应遵守下列规定：

1 钢管拱肋成拱过程中，应同时安装横向联系，或采取临时横向稳定措施。

2 钢管拱肋接头施焊应对称进行，施焊前应用定位板控制焊缝间隙，不得采用堆焊。

3 合拢口的焊接或栓接作业应选择在环境温度相对稳定的时段内快速完成。

4 钢管拱肋横向稳定系数大于 4 时可单肋合拢。

14.6.3 钢管混凝土浇筑施工应遵守下列规定：

1 混凝土宜采用泵送顶升压筑施工，由两拱脚向拱顶对称均衡地压筑完成。

2 大跨径拱肋混凝土应根据设计加载程序，分环、分段由拱脚向拱顶隔仓对称均衡压筑。压筑过程中拱肋变位不得超过设计要求。

3 中小跨径拱肋混凝土可采用隔仓浇筑。浇筑顺序应按加载程序要求，对称均衡进行。

4 混凝土采用抛落浇筑时，小管径钢管可采用外部附着式振捣，管径大于350mm 则宜采用内部插入式振捣。

5 混凝土应具有和易性好、流动性大、收缩补偿、初期缓凝且早强的性能。拌合时宜掺入减水剂及微膨胀剂。

6 混凝土应连续压筑或浇筑，不得中断。

14.6.4 钢管拱肋外露面应按设计要求做长效防护处理。

14.7 拱上结构施工

14.7.1 大跨径拱桥的拱上结构，应严格按照设计要求程序施工；设计无要求时，中小跨径可由拱脚至拱顶均衡、对称加载，使施工过程中的拱轴线与设计拱轴线尽量吻合。

14.7.2 在砌筑拱圈上砌筑拱上结构应遵守下列规定：

1 拱上结构在拱架卸架前砌筑时，合拢砂浆达到设计强度的30%即可进行。

2 先卸架后砌拱上结构时，应待合拢砂浆达到设计强度的70%方可进行。

3 采用分环砌筑拱圈时，应待上环合拢砂浆达到设计强度的70%方可砌筑拱上结构。

4 采用预施压力调整拱圈应力时，应待合拢砂浆达到设计强度后方可砌筑拱上结构。

14.7.3 在支架上浇筑混凝土拱圈，其拱上结构施工应遵守下列规定：

1 拱上结构施工应在拱圈及间隔槽混凝土浇筑完成，混凝土强度达到设计要求强度以后进行；设计无要求时，应在达到设计强度的75%后进行。

2 立柱或横墙底座应与拱圈（拱肋）同时浇筑，立柱或横墙施工应自拱脚开始，对称进行。

3 腹拱施工应自主拱拱脚开始，对称均衡进行，同时应对立柱或横墙采取稳定措施。

14.7.4 小跨径装配式拱桥的拱上结构施工，应待现浇接头和合拢混凝土强度达到设计强度的75%以上，且卸落支架后，由拱脚至拱顶对称进行。

14.7.5 采用无支架施工的拱桥，其拱上结构宜利用缆索吊装施工。

15 斜 拉 桥

15.1 一 般 规 定

15.1.1 斜拉桥施工，应全面了解设计意图和要求，详细编制施工组织设计，并在施工中与设计人员密切配合，相互反馈技术信息，及时调整相关数据，使桥梁线形和内力符合设计要求。

15.1.2 施工中应具备必要的监控测试手段，随时掌握必要的数据，核算并控制各工况条件下结构应力变化。

15.1.3 斜拉桥施工组织设计应包含以下主要内容：

    1 基础、塔墩和主梁的施工工艺；

    2 塔、梁施工过程中应力和线形的监控方案；

    3 拉索制作、安装、张拉及锚固工艺。

15.2 索 塔

15.2.1 索塔施工应根据其结构特点与设计要求选择适宜的施工方法与施工设备。裸塔施工宜用爬模法，横梁较多的高塔宜采用劲性骨架挂模提升法。

15.2.2 索塔施工中除应采用塔式起重机、施工升降机之外，还必须设置登高安全通道、安全网、临边护栏等安全防护装置。

15.2.3 索塔施工应设置竖向运输安全设施，如塔吊起重量限制器、断索防护器、斜拉索防扭器、风压脱离开关等，并应对高空坠落、雷击、强风、寒暑、暴雨、飞行器等制定具体的防范措施，实施中应加强检查。

15.2.4 倾斜式索塔施工时，必须对各个施工阶段索塔的强度与变形进行验算，并及时设置相应的横向支撑结构。

15.2.5 索塔横梁模板与支撑结构设计时，除应考虑支撑高度、结构质量、结构的弹性与非弹性变形因素外，还应考虑环境温差、日照、风力等外界因素的影响，宜设置千斤顶等支撑调节装置解决支撑结构变形问题，并合理设置预拱度。

15.2.6 索塔施工中宜设置劲性钢骨架，以保证索管空间定位精度和钢筋架立的精度。索塔混凝土浇筑应根据混凝土合理浇筑高度、索管位置及吊装设备的能力分节段施工。劲性骨架的接头形式及质量标准应符合设计要求。

15.2.7 索塔上的索管安装定位时，宜采用三维空间极坐标法，并事先在索管与索塔上设置定位控制点。

15.2.8 索塔施工的环境温度应以施工段高空实测温度为准。索塔冬期施工时，模板应采取保温措施。

15.2.9 索塔混凝土浇筑宜选用输送泵，超过泵送工作高度时，可接力泵送。

15.2.10 设计要求安装避雷设施时，电缆线宜敷设于预留孔道中，地下设施部分宜在基础等施工时配合完成。

15.3 主 梁

15.3.1 施工前应根据梁体类型、地理环境条件、交通运输条件、结构特点等综合因素选择适宜的施工方法与施工设备。

15.3.2 当设计采用非塔、梁固结形式时，施工时必须对塔、梁采取临时固结措施；必须加强施工期内对临时固结的观察。结构体系转换的程序必须经设计工程师确认。在解除临时固结过程中必须对拉索索力、主梁标高、索塔和主梁内力与索塔位移进行监控。

15.3.3 主梁施工时应缩短双悬臂持续时间，尽快使一侧固定，以减少风振的不利影响，必要时应采取临时抗风措施。

15.3.4 主梁施工前，应先确定主梁上的施工机具设备的数量、质量及其在施工过程中的位置变化情况，施工中不得随意增加设备或随意移动。

15.3.5 采用挂篮悬浇法或悬拼法施工之前，挂篮或悬拼设备应进行检验和试拼，确认合格后方可在现场整体组装；组装完成经检验合格后，必须根据设计荷载及技术要求进行预压，检验其刚度、稳定性和高程及其他技术性能，并消除非弹性变形。

15.3.6 混凝土主梁施工应遵守下列规定：

1 在支架或塔下托架上现浇梁段（0号段以及相邻段）时，应消除温度、支架、托架、支承变形等因素对施工质量产生的不良影响。支架、托架搭设完成后应进行检验，必要时应进行静载试验。

2 挂篮法悬浇梁段应符合本规程第11章有关规定。

3 悬拼法施工主梁应符合下列要求：

1）应根据设计索距、吊装设备的能力等因素确定预制梁段的长度；

2）梁段预制宜采用长线台座、啮合密贴浇筑工艺；

3）梁段拼接宜采用环氧树脂做粘接材料，拼前应清除拼接面的污垢、油渍与混凝土残渣，并保持干燥。严禁修补梁段的拼接面；

4）接缝材料的强度应大于混凝土结构设计强度，拼接时应避免粘接材料受挤压而进入预应力预留孔道；

5）梁段拼接后应及时进行梁体预应力与挂索张拉；

6）梁段拼接过程中出现的累计误差，可通过现浇合拢段予以调整。

4 合拢段施工应符合下列要求：

1）在与合拢段相毗邻的两悬臂梁端应预埋临时连接钢构件；

2）合拢前应不间断地观测连日的昼夜环境温度场变化与合拢高程及合拢口长度变化的关系，以确定适宜的合拢浇筑时间；

3）合拢前应按设计要求将合拢段两端的梁体分别向桥墩方向顶出一定距离，以对合拢段混凝土提供一定的预压应力，并适时将连接钢构件焊连一体；

　　4）合拢段宜浇筑补偿收缩早强混凝土。

15.3.7 钢主梁施工应遵守下列规定：

　　1 现场宜采用栓焊结合、全栓接方式连接。采用焊接方式连接时，应采取防止温度变形措施。

　　2 合拢前应不间断地观测连日的昼夜环境温度场变化、梁体温度场变化与合拢高程及合拢口长度变化的关系，确定合拢段的精确长度与适宜的合拢时间及实施程序，并应满足钢梁安装就位时高强螺栓定位、拧紧以及合拢后拆除 0 号段的临时固结装置所需的时间。

　　3 实地丈量计算合拢段长度时，应预估斜拉索的水平分力对钢梁压缩量的影响。

　　4 钢—混凝土结合梁的现浇混凝土应采用补偿收缩混凝土。

15.4　拉索和锚具

15.4.1 拉索和锚具的制作和防护应遵守下列规定：

　　1 拉索及其锚具应由具备相应资质的企业制作，严格按照国家现行标准要求进行生产，并应按标准或设计要求进行检查和验收。

　　2 拉索在工厂制作时应按设计索力的 1.2～1.4 倍进行预张拉检验，合格后方可出厂。

　　3 锚杯、锚板、螺母和垫块等主要受力件的半成品在热处理后应进行超声波探伤，探伤合格方可进入下一道工序。

　　4 拉索索体防护材料的质量应符合现行《建筑缆索用高密度聚乙烯塑料》CJ/T 3078 和产品技术要求。

　　5 拉索成品、锚具交货时应提供产品质量证书和出厂检验报告、产品批号、设计索号及型号、生产日期、数量等。

　　6 拉索和锚具出厂前，应用柔性材料缠裹。拉索运输和堆放中应无破损、无变形、无腐蚀。

15.4.2 拉索的架设应遵守下列规定：

　　1 拉索架设前应根据索塔高度、拉索类型、拉索长度、拉索自重、安装拉索时的牵引力以及施工现场状况等综合因素选择适宜的拉索安装方法和设备。

　　2 施工中不得使用起重钩等易于对拉索产生集中应力的吊具直接挂扣拉索，宜采用带胶垫的管形夹具或尼龙吊带，且多吊点起吊，防止损伤拉索保护层，或造成拉索过度弯曲而产生永久变形。

　　3 拉索架设过程中索端锚头应包裹，防止螺纹损伤。

　　4 放索时，拉索应贴在特制滚轮上拖拉，防止损伤保护层。

　　5 在塔、梁的索管处应设置限位器等，防止拉索和锚头穿入索管时产生偏位。

　　6 安装外包 PE 护套的钢绞线组成的拉索时，应采用测力传感器控制每一根钢绞线安装后的拉力，确保拉索内每根钢绞线的拉力差不超过 ±5%，并应设置临时减振器，避免钢绞线外面的 PE 护套受打击而破坏。

　　7 拉索安装后，应对两端锚头和索管采取临时防护措施，防止撞击和雨水浸入。

15.4.3 拉索的张拉应遵守下列规定：

1 张拉应以设计索力控制，延伸量可作为校核。

2 索塔顺桥向两侧对称的拉索和横桥向对称的拉索应同步张拉，同步张拉的索力相差值不得超出设计要求；两侧不对称或设计索力不同的拉索，应按设计要求的索力分级同步张拉，索力终值误差不得大于 ±2%。

3 在下列工况下应采用传感器或振动频率测力计检测各拉索索力值，并视防振圈与索的弯曲刚度等状况对测值进行修正。

1) 每组拉索张拉完成后；

2) 悬臂施工跨中合拢前后；

3) 全桥拉索全部张拉完成后；

4) 主梁内预应力钢筋全部张拉完且桥面及附属设施安装完成后。

4 拉索张拉完成后应检查每根拉索的防护情况，发现破损应及时修补。

15.5　施工控制与索力调整

15.5.1 在施工过程中必须对主梁各个施工阶段的拉索索力、主梁标高、塔、梁内力以及索塔位移量等进行监测，并及时将有关数据反馈给设计单位，分析确定下一施工阶段的拉索张拉量值和主梁线形、高程及索塔位移控制量值等，周而复始，直至合拢。

15.5.2 施工中，在主梁悬臂施工阶段应以标高控制为主，以确保主梁线形正确；在主梁施工完成后，应以索力控制为主，以确保结构的整体内力和变形符合设计要求。

15.5.3 施工监控主要内容如下：

1 变形：主梁线形、高程、轴线偏差和索塔的水平位移；

2 应力：拉索的索力、支座反力以及塔、梁应力变化；

3 环境温度与塔、梁、索温度变化。

15.5.4 拉索的拉力误差超过设计要求时，应进行调整，调整时可从超过设计索力最大或最小的拉索开始（放或拉）调整至设计索力。调索时应对拉索索力、拉索延伸量、索塔位移与梁体标高进行监测。

16 顶 进 箱 涵

16.1 一 般 规 定

16.1.1 箱涵顶进宜避开雨期施工。需雨期施工时，必须编制专项防汛排水方案。

16.1.2 顶进箱涵施工前，应调查下列内容：

  1 桥位及其附近的地形、地貌及现况地面排水系统；

  2 现况铁道、道路路基填筑情况和路基中地下管线等情况及所属单位对施工的要求；

  3 穿越铁路、道路的平面位置、纵断高程与拟建箱涵的相对关系；

  4 穿越铁路、道路运行及设施状况；

  5 施工现场现况道路的交通状况，施工期间交通疏导方案的可行性；

  6 施工现场水、电供应及施工材料、设备、运输道路现况。

16.1.3 顶进箱涵施工组织设计应包含以下主要内容：

  1 施工排水、降水设计；

  2 工作坑及滑板设计；

  3 箱涵模板支架设计；

  4 顶力计算和后背设计；

  5 顶进设备的选择及布置；

  6 铁路、道路加固设计。

16.1.4 施工现场的排水、降水应遵守下列规定：

  1 应结合总平面布置，完善现场排水系统。

  2 在工作坑周围应设截流挡水埝；工作坑内应设集水井、排水沟。

  3 工作坑土层中有地下水时，应采取降水措施，将水位降至箱涵基底 500mm 以下。

  4 降水作业应连续进行，直至箱涵就位且水位以下部位施工完成。

  5 降水不得造成施工影响区内现况建（构）筑物沉降、变形。降水过程中应进行监测，发现问题及时采取措施。

  6 降水施工尚应符合《土方与地基施工技术规程》Q/BMG 102 的有关规定。

16.2 顶 进 方 法 选 择

16.2.1 顶进箱涵可依据箱涵长度、宽度、正涵、斜涵等不同情况及现场条件经分析、比较，合理地选择整体顶进或解体顶进方法施工。

16.2.2 整体一次顶进法适用于单孔或多孔总宽度不大于 60m、总长度不大于 30m 的正涵及交角不小于 35°的斜涵顶进施工。

16.2.3 纵向解体中继间顶进法适用于不宜整体顶进、且总长度不超过80m的箱涵。接缝位置应设在铁道线路两股道中间或桥面隔离带。分段长度不宜太短，长高比宜为1.5∶1～2∶1。前节箱涵尾端的底面及侧面应预埋钢板与后节搭接，防止顶推过程接缝处进土。

16.2.4 长度超过80m的长大箱涵宜采用顶拉法施工，并遵守下列规定：

1 纵向分段长度应兼顾长高比，宜为1.5∶1～2∶1。

2 接缝位置应在铁路线路两股道中间或桥面隔离带，诸节长度应相近；分节数量应不小于三节，又不宜过多。

3 顶拉法受力既要考虑各节间相互联系约束影响，又要考虑顶拉力和阻抗力最不利组合。

16.2.5 多孔宽大箱涵不宜整体顶进时可采用横向解体多箱分次顶进法施工，并遵守下列规定：

1 各箱涵间净距不宜小于0.5m。

2 分次顶进时宜跳档进行。顶进过程中箱涵两侧压力应保持对称。

3 顶进时应采取防止平面轴向偏差过大的措施。

4 当顶进箱涵一侧靠近已就位的箱涵时，要考虑单侧土压力使箱涵顶进过程产生的横向位移。

16.3 工作坑和滑板

16.3.1 工作坑应根据铁路、道路的线路平面、现场地形、箱涵平面尺寸与后背形式等条件，在保证通行的铁路、道路行车安全的前提下，在路基一侧，以空顶长度小为原则确定位置。

16.3.2 工作坑边坡应视土质和坑顶荷载情况而定，坑顶外设临时道路等时，一般土质边坡不宜陡于1∶1.5，无荷载时可为1∶0.75～1∶1.5；靠路基一侧的边坡宜缓于1∶1.5；工作坑距最外侧铁路中心线不得小于3.2m。

16.3.3 工作坑的平面尺寸应满足箱涵预制与顶进设备安装需要。前端顶板外缘至路基坡脚不宜小于1m；后端顶板外缘与后背间净距不宜小于1m；箱涵两侧距工作坑坡脚不宜小于1.5m。

16.3.4 开挖工作坑应与修筑后背统筹安排，当采用钢板桩作后背时，应先沉桩后开挖；采用埋置式后背时，后背基坑应与工作坑同步开挖。

16.3.5 工作坑应先降水后开挖，不得扰动基底，不得超挖。工作坑底应密实平整，并有足够的承载力，地基允许承载力不宜小于0.15MPa。若地基软弱应采取加固措施。

16.3.6 工作坑滑板应满足预制和顶进箱涵主体结构所需强度、刚度、稳定性，并应符合下列规定：

1 滑板可为钢筋混凝土或混凝土结构。

2 滑板中心线应与箱涵设计中心线一致。

3 滑板尾端应与后背相接，其两侧和前端应比箱涵底板宽0.5～1m。

4 宜在滑板下设横向锚梁，提高其抗滑稳定性。

5 滑板一般不设横坡，其顶面高程和纵坡应根据箱涵顶进竖向运动轨迹曲线设计确定。为减少箱涵顶进中扎头现象，滑板顶面宜做成1‰~5‰的升坡。

6 滑板两侧宜设方向墩。

16.3.7 滑板施工应遵守下列规定：

1 滑板可顺箱涵顶进方向纵向分条浇筑，每条宽宜为3~5m，应连续浇筑完成。横向不得留施工缝。

2 滑板应和锚梁同时浇筑，不得留施工缝。

3 滑板顶面应原浆压光，不得用砂浆抹面。

4 滑板强度达2.5MPa前不得踩踏、压痕，确保顶面平整。

16.3.8 为防止滑板与箱涵底板粘连，降低顶进启动时的摩擦阻力，滑板顶面应敷设润滑隔离层，并应符合下列规定：

1 润滑隔离层宜用工业石蜡、机油、滑石粉等材料涂敷。

2 隔离层涂料应热流动性好，冷凝后硬度适宜，不软、不脆，且与滑板粘接牢固。

3 工业石蜡等涂料的涂敷稠度应视石蜡材料的软硬和施工温度而定，可掺兑机油来调整其稠度，掺兑比例应根据现场试验确定。

4 隔离层施工前，滑板应保持干燥、清洁，无浮灰。

5 隔离层涂敷范围应比箱涵底板周边宽100~200mm。

6 隔离层应顺箱涵顶进方向纵向分条涂敷。加热到150℃的石蜡涂料，随涂敷到滑板上随用刮板刮平，厚度约为3mm。

16.3.9 箱涵采用顶拉法施工时，必须采取措施使顶拉过程中各节箱涵底板下摩阻相近，当滑板上阻抗不足时，应采取辅助措施。

16.4 顶 力 计 算

16.4.1 箱涵顶进时应取箱涵全部入土阻力最大时所需顶力作为箱涵顶进后背设计、顶进设施设置的依据。

16.4.2 箱涵整体顶进最大阻力主要由箱涵周边摩擦阻力及前端刃脚切土阻力组成。箱涵顶进最大顶力可按下式估算：

$$P = K[N_1 f_1 + (N_1 + N_G)f_2 + 2Ef_2 + RA] \tag{16.4.2}$$

式中 P——最大顶力（kN）；

N_1——箱涵顶面线路及加固设施荷载，可按实际质量计算，铁路线路可取 $10kN/m^2$；

N_G——箱涵结构质量（kN）；

f_1——箱涵顶面与加固设施间摩擦阻力系数，可通过试验确定，铁路线路可取0.3~0.5；

f_2——箱涵底面或侧面与土壤间摩擦阻力系数，可通过试验确定，无试验资料时可取0.7~0.8；

E——箱涵两侧土压力，一般取主动土压力（kN）；

R——刃脚正面阻力，可按经验确定，无资料时可参照下列数据采用：

黏性土 $500~600kN/m^2$；

砂砾土 $800~1000kN/m^2$；

卵石土　　1500～1700kN/m^2；

A——刃脚的正面面积（m^2）；

K——系数，一般采用1.2。

16.4.3 纵向分节用中继间顶进时顶力计算，应分别计算首、尾及中间各节的顶力，其值取单节箱涵全部顶入路基时的阻力，同时计入相邻节箱涵相互影响发生的最大阻力。

1　纵向分节顶进，各节箱涵间用半铰连接时，计算其相互影响，应按前端半铰脱空（反力为零）后端半铰满载状态计算。

1）首节顶力：

$$P_1 = K[N_{l1}f_1 + (N_{l1} + N_{G1})f_2 + 2E_1f_2 + RA + (N_{l2} + N_{G2})\varphi(f_2 + f_3)] \quad (16.4.3\text{-}1)$$

2）中间节顶力：

$$n > i \geqslant 2 \quad P_i = K[N_{li}f_1 + (N_{li} + N_{Gi})f_2 + 2E_if_2 + (N_{li+1} + N_{Gi+1})\varphi(f_2 + f_3)] \quad (16.4.3\text{-}2)$$

3）尾节顶力：

$$P_n = K[N_{ln}f_1 + (N_{ln} + N_{Gn})f_2 + 2E_nf_2] \quad (16.4.3\text{-}3)$$

式中　　　　n——箱涵分节数；

P_1，P_i，P_n——首节、第i节、尾节最大顶力（kN）；

N_{l1}，N_{li}，N_{ln}——首节、第i节、尾节箱涵顶面加固材料及线路荷载质量（kN）；

N_{G1}，N_{Gi}，N_{Gn}——首节、第i节、尾节箱涵结构自重（kN）；

f_3——相邻两节箱涵间相互连接的半铰上下面间摩擦阻力系数，一般可取0.1～0.2；

E_1，E_i，E_n——首节、第i节、尾节箱涵侧面土压力，一般取主动土压力（kN）；

K，f_1，f_2，R，A——同整体顶进，见式（15.4.2）符号说明；

φ——相邻两节箱涵间铰的反力系数，可通过试验确定，如无试验资料可参照表16.4.3所列数据选用。

表16.4.3　φ值选用

顶推过程实际地基反力最大值 $<[\sigma]$ 时	$\varphi = 0.25$
顶推过程实际地基反力最大值 $>[\sigma]$，且 $<2[\sigma]$ 时	$\varphi = 0.18$

注：$[\sigma]$ 地基容许承载力。

2　纵向分节用中继间顶进，各节箱涵间无连接呈自由状态时，按各节箱涵相互无影响的单节整体顶进考虑。

1）首节顶力按式（16.4.2）计算；

2）中间节顶力：

$$P_i = K[N_{li}f_1 + (N_{li} + N_{Gi})f_2 + 2E_if_2] \quad (16.4.3\text{-}4)$$

3）尾节顶力：

$$P_n = K[N_{ln}f_1 + (N_{ln} + N_{Gn})f_2 + 2E_nf_2] \quad (16.4.3\text{-}5)$$

16.4.4 顶拉法顶力及阻抗力计算：

纵向分节桥涵顶进采用顶拉法时，不需设置后背提供反力，顶推某节箱涵的顶力由其余诸节箱涵阻抗力平衡。

1 首节顶进时：

首节顶力：

$$P_1 = K[N_{l1}f_1 + (N_{l1} + N_{G1})f_2 + 2E_1f_2 + RA + (N_{l2} + N_{G2})\varphi(f_2 + f_3)] \qquad (16.4.4-1)$$

其余诸节阻抗力：

$$R_1 = \frac{1}{K}\Big[\sum_{i=1}^{n}(N_{li} + N_{Gi})f_4 - (N_{l1} + N_{G1})f_4 - (N_{l2} + N_{G2})\varphi f_4\Big] \qquad (16.4.4-2)$$

$P_1 < R_1$ 时可实现顶拉。

2 中间节顶进时：

中间第 i 节顶力：

$$P_i = K[N_{li}f_1 + (N_{li} + N_{Gi})f_2 + 2E_if_2 + (N_{li+1} + N_{Gi+1})\varphi(f_2 + f_3)] \qquad (16.4.4-3)$$

其余诸节阻抗力

$$R_i = \frac{1}{K}\Big[\sum_{i=1}^{n}(N_{li} + N_{Gi})f_4 - (N_{li} + N_{Gi})f_4 - (N_{li+1} + N_{Gi+1})\varphi f_4\Big] \qquad (16.4.4-4)$$

$P_i < R_i$ 时可实现顶拉。

3 尾节顶进时：

尾节顶力：

$$P_n = K[N_{ln}f_1 + (N_{ln} + N_{Gn})f_2 + 2E_nf_2] \qquad (16.4.4-5)$$

其余诸节阻抗力：

$$R_n = \frac{1}{K}\Big[\sum_{i=1}^{n}(N_{li} + N_{Gi})f_4 - (N_{ln} + N_{Gn})f_4\Big] \qquad (16.4.4-6)$$

$P_n < R_n$ 时可实现顶拉。

式中　　　P_1，P_i，P_n——首节、中间节、尾端节最大顶力（kN）；

　　　　　R_1，R_i，R_n——顶进 1、i、n 节时，其余诸节可提供的阻抗力（kN）；

　　　　　N_{l1}，N_{li}，N_{ln}——首节、中间节、尾端节箱涵顶面加固材料及线路荷载重量（kN）；

　　　　　N_{G1}，N_{Gi}，N_{Gn}——首节、中间节、尾端节箱涵结构自重（kN）；

f_1，f_2，f_3，E_1，E_i，E_n——参见第 16.4.3 条；

　　　　　f_4——箱涵底面与预制台座间摩擦阻力系数，混凝土拼装台座 $f_4 =$ 0.5；石灰土（水泥土）台座 $f_4 = 0.5 \sim 0.6$；砂砾地坪台座 $f_4 =$ 0.6～0.7。

16.4.5　斜交顶进箱涵除计算最大顶力外，同时应计算由两侧土压力引起的最大转动力矩。后背反力及顶进设备应分别按最大顶力与最大转动力矩或最小转动力矩叠加值设置。其计算方法如下：

1　最大顶力计算同整体顶进最大顶力计算见式（16.4.2）。

2　最大转动力矩按下式计算：

$$M_{max} = EZ \qquad (16.4.5)$$

式中　M_{max}——最大转动力矩（kN·m）；

　　　E——侧面土压力，一般取主动土压力（kN）；

　　　Z——两侧土压力 E 的合力作用线间垂直距离（m）。

3 最小转动力矩，一般取 $M_{min} = 0$。

16.5 后 背

16.5.1 顶进后背必须有足够的强度、刚度和稳定性。常用后背有板桩墙式和重力式两种，可依据顶推反力大小、现场条件及地质情况参照表 16.5.1 选用。

表 16.5.1 后背形式选用

后背形式	设置方法	适用范围
板桩墙式	沉入钢桩或钢筋混凝土桩	水位较高，砂、黏土及含少量砂砾土层可提供最大反力 1000 ~ 3000kN/m
	埋置钢桩或钢筋混凝土桩	水位较低，可开挖槽坑的各类土层，可提供最大反力 1000 ~ 3000kN/m
	埋置钢筋混凝土加劲板梁	水位较低宜于开挖槽坑的各类土层，可提供最大反力小于 1000kN/m
重力式	圬工砌筑或浇筑混凝土	水位较低，宜于开挖的各类土层，可提供最大反力小于 1500kN/m
	填筑钢筋混凝土筏片	水位较高，不宜开挖深槽时，可提供最大反力小于 1000kN/m

16.5.2 板桩墙式后背，宜用大型型钢或钢筋混凝土预制板桩，用沉入法或埋置法修筑，并符合下列规定：

1 当水位较低宜于挖土时可在各类土层中埋置钢桩或钢筋混凝土桩；如基底水位较高，挖土困难且土层主要是砂性或黏性细颗粒或少量砂砾土层时，在工作坑开挖前可沉入钢桩或钢筋混凝土桩。

2 板桩墙一般按锚固板桩设计，其强度及稳定性应分别按空载（无顶进反力）时主动土压力及满载（顶进反力最大）时被动土压力两种状态验算。用埋置法修筑板桩墙，肥槽应用砂砾或石灰（水泥）稳定土夯填密实。

3 型钢板桩墙一般设 2 ~ 4m 高后背梁，分布集中荷载，减少桩身弯矩，后背梁可采用现浇或预制钢筋混凝土板梁，后背梁与板桩应密贴。

16.5.3 埋置钢筋混凝土加劲板梁后背，一般用 3 ~ 4m 长、1.0 ~ 1.2m 高的预制加劲板梁竖向埋置。背后用灰土（水泥土）夯填密实，板梁顶至地面填土可用临时防护稳定边坡。加劲板梁的埋置高程应以被动土压力作用线与传力柱轴线一致来确定。其强度及稳定性应分别按空载（无顶进反力）时主动土压力及满载（顶进反力最大）时被动土压力两种状态验算。

16.5.4 重力式后背一般用圬工材料砌筑或混凝土浇筑，其强度及稳定性验算，空载时应按重力式挡土墙计算，满载时应取摩擦阻力及墙后土基抗力计算。为便于拆除，砌筑或浇筑时可预留静态爆破孔，墙后应用砂砾或灰土（水泥土）夯填密实。

16.5.5 钢筋混凝土筏片填筑式后背，多数利用现浇混凝土引道或封闭路堑，在其上填土压重做成筏片填筑式后背，这种后背依靠摩擦阻力及部分土基抗力平衡顶推反力，筏片长度应由计算确定，一般不宜小于 10m，填土高度宜小于 6m。

16.5.6 单一板桩墙后背或筏片式后背难以满足顶力需要时，可考虑使用板桩墙与筏片压重组合后背。板桩墙前传力柱位置浇筑预计长度的钢筋混凝土筏片，筏片前端设挡土板，板墙桩下端与筏片锚固，上端设拉杆，墙后填土达板桩墙顶高程。提供最大反力可按板桩墙后被动土压力与筏片底面摩擦阻力叠加计算。一般反力可达 3500 ~ 4000kN/m。

16.6 箱涵制作

16.6.1 工作坑、滑板的平面位置、高程以及滑板的纵坡经检验合格；滑板强度、平整度和隔离层的厚度、硬度经检验符合要求，方可进行箱涵预制。

16.6.2 箱涵预制前应精确放线。预制箱涵的轴线应与桥涵设计轴线一致，若桥位在曲线上则应在桥梁轴线与线路中线相接点处的切线延长线上。

16.6.3 箱涵预制时，其外形尺寸应考虑减小顶进时侧面摩擦阻力的影响，箱涵前端2m范围内应向两侧各加宽15~20mm，其余部位侧墙不得出现正误差。

16.6.4 为减少箱涵顶进过程中扎头阻力，一般在底板前端2~4m范围内设50~100mm船头坡。

16.6.5 箱涵混凝土可采用二阶段法或三阶段法浇筑，当混凝土浇筑数量不大时，可先浇底板，二次浇中边墙及顶板，若混凝土浇筑量很大，墙体和顶板同时浇筑困难时，可先浇底板，二次浇中边墙，三次浇顶板，分别在顶板腋下及底板腋上部位留施工缝，每次浇筑应连续完成，不得中断。

16.6.6 箱涵前端周边宜设钢刃脚，为减少开挖高度，防止塌方，可设中平台及中刃脚，并采取切土顶进。

16.6.7 箱涵应按设计要求在箱涵顶板上施做防水层及混凝土防护层；防护层顶面宜涂工业石蜡减阻，箱涵外侧边墙宜用涂敷法做侧墙防水。

16.6.8 箱涵顶面混凝土防护层应按预定就位纵坡预留纵横向排水坡度；坡度一般不小于3‰。箱涵顶板两侧应设集水槽，泄水管；大型箱涵宜在箱涵中墙处顶板增设泄水管，防止箱涵顶面积水和向两侧排水浸泡路基。

16.6.9 斜涵预制时，应在箱涵底板尾端设置单级或多级顶进三角垫块，三角垫块应与底板连成一体并同时浇筑，其厚度可与底板一致，并应满足顶镐的需要。三角垫块顶进端面应与箱涵轴线正交。

16.6.10 采用纵向分节顶进的箱涵预制时，宜在底板接缝两侧留槽设置中继间，并在前节底板下预埋钢板伸入后节底板下，其搭接长度在顶程最大时不宜小于200~300mm，留槽宽度按千斤顶型号、数量确定。正交箱涵可在两侧留通长顶镐槽；斜交箱涵应按最大顶力及传动力矩需要在两侧分别设单级或多级顶镐槽，顶镐槽顶进端面应与箱涵轴线正交。

16.6.11 采用顶拉法施工的箱涵预制，底板上应设中继间拉杆牛腿和拉杆锚固横梁。中继间设置应符合第16.6.10条的规定。拉杆牛腿宜设置在首节箱涵底板尾端，其截面尺寸应按拉杆荷载确定；拉杆锚固横梁宜用大型型钢组焊，应按拉杆拉力设计安装在尾节底板后的托板上，托板宜与底板同时浇筑连成整体。尾节底板尾端应设顶进牛腿，其断面由尾节顶进千斤顶荷载决定。

16.7 顶进设备

16.7.1 顶进设备的配置应遵守下列规定：

1 液压动力系统应符合下列要求：

1）千斤顶应依据计算最大顶力配置，其使用顶力可按额定顶力的70%计算。宜选用大吨位的千斤顶；

2）高压油泵及其控制阀等的工作压力应与千斤顶匹配。其工作压力可取额定压力的60% ~ 70% 计算。排量应根据顶进速度确定，每一顶程宜为 5 ~ 10min；

3）供油管路按工作压力和流量选定；回油管路的主油管内径不得小于 10mm，分油管内径不得小于 6mm；

4）液压控制系统宜采用电液或电磁阀集中控制。

2 传力系统应符合下列要求：

1）传力柱（顶铁）可用型钢组焊或钢筋混凝土预制，长度以 4 ~ 6m 为宜，其端面钢板应与轴线正交；

2）钢横梁应有足够的强度和刚度，其高度应与传力柱高度一致；

3）拉杆可用型钢、粗钢筋或钢绞线制作，使用应力不宜过高，以减少弹性伸长值。拉杆两端可用螺丝端杆或夹片式锚具锚固。

16.7.2 箱涵顶进千斤顶的设置应遵守下列规定：

1 千斤顶安装位置应避开出土与设备运输通道。

2 正交箱涵千斤顶应按计算最大顶力配置，中继间和尾端的千斤顶应靠两侧对称布置。最外侧各 2 ~ 4 台千斤顶应单设控制阀，供纠偏时启用。中继间千斤顶应分油路单独控制。

3 斜交箱涵千斤顶应按计算最大顶力与最大转动力矩叠加配置。中继间和尾端千斤顶安装位置应满足最大顶力与最大转动力同时发生状态和最大顶力和最小转动力矩（转动力矩为零）同时发生状态的要求。纠偏千斤顶宜布置在两侧最外边，应单设阀门控制。中继间千斤顶应分油路单独控制。

4 箱涵采用顶拉法顶进时，千斤顶应分别设在中继间和尾节后端顶进牛腿与锚固横梁间。正交箱涵首节按最大顶力与拉杆拉力较大者控制，其余各节按最大顶力靠两侧对称安装在中继间及后端。各中继间及后端千斤顶分设油路控制。斜交箱涵首节应按最大顶力与拉杆拉力较大者、最大转动力矩叠加配置千斤顶，各节千斤顶安装位置应同时满足最大转动力矩与最小转动力矩交替出现时的需要。靠最外侧 2 ~ 4 台千斤顶应单设控制阀供纠偏时启用。

16.7.3 箱涵顶进采用顶拉法时，拉杆分别锚固在首节底板拉杆牛腿和尾节后端锚固横梁上，拉杆一般按尾节最大顶力与最大转动力矩叠加控制；同时应考虑中间节顶力与转动力矩叠加值最大者的影响。拉杆应靠两侧布置，使用应力不宜太高，安装时应通过调整初应力达到松紧均匀一致。

16.7.4 箱涵顶进时，底板后端千斤顶与后背梁间应按最大顶力设置传力柱和短顶铁传递顶力。钢横梁应分别设置在千斤顶与短顶铁、短顶铁与传力柱和每节传力柱对接处，以增加横向约束，提高纵向稳定性。传力柱对接处可用钢横梁与厚钢板交替使用。短顶铁、传力柱轴线应与顶力轴线一致、与横梁正交。传力柱端面应平、齐，就位后纵向应直、顺、平。

16.8 顶 进 施 工

16.8.1 顶进前应具备以下条件：

1 箱涵结构外形尺寸和预制位置的轴线、高程经验收合格。

2 箱涵混凝土强度达到设计要求，防水层及其防护层符合设计要求。

3 后背和顶进设备安装完成。采用重力式后背时，其强度应符合设计要求。顶进设备经试运转正常。

4 经主管部门确认的线路加固方案已实施完成，经验收合格。

5 线路监测、抢修人员及设备、材料等到位。

6 观测标志和观测站已设置。

16.8.2 箱涵顶进过程中应随时观测线路加固系统、顶进系统、顶进后背和箱涵结构等，发现异常应立即采取措施，确保正常施工。

16.8.3 观测标钉宜设在中、边孔底板的跨中和中、边墙根部的前、中、后三排。顶进前应观测并记录其初始高程及相对高差，用于观测顶进中结构的变形。

16.8.4 观测顶进中箱涵水平变位和竖向变位的标尺应设在前、后端边墙内侧及顶板下。

16.8.5 观测站应设在后背受力影响区外，一般左右对称布置。测量基准点应设在不受扰动地区，并经闭合检验后方可使用。

16.8.6 箱涵正式顶进前应进行试顶，即先开泵至传力柱（顶铁）压紧后停顶，检查各部位确认无异常后方可重新开泵；重开泵后，油压每升高 5～10MPa 停泵观察，确认无异常后方可正式顶进。顶力达结构自重的 0.6、0.7、0.8 倍时，应持荷 3～5min，再顶进直到启动。当顶力超过结构自重的 0.8 倍仍未启动时，可暂停、卸荷、重新启动顶进。若仍未能启动，应停止启动，分析原因，采取措施。

16.8.7 大型箱涵顶进时，宜采用小型反铲等机械开挖，每次进尺 0.4～0.8m。当机械挖至靠近顶板、侧墙刃脚及底板时，应人工配合。

16.8.8 人工挖土顶进时，每次进尺应根据土质确定，一般为 0.3～0.5m。无中间平台可一阶开挖；设中间平台时应分两阶开挖，中刃脚应吃土，不得挖穿。

16.8.9 采用机械挖运土方时，箱涵内必须采取强制通风措施。

16.8.10 无论机械开挖还是人工开挖，均应由上至下开挖，刃脚应有足够的吃土量，严禁超前挖土。开挖面的坡度应符合《土方与地基施工技术规程》Q/BMG 102 的有关规定，且不得大于 1∶0.75。开挖土方应边挖边运，不得现场堆存。

16.8.11 铁路箱涵顶进时，线路加固监护人员应及时松开木楔，减少摩擦阻力，防止线路推移。完成一个顶程在列车到达前应逐个打紧木楔，检查线路。

16.8.12 顶进施工应三班连续作业。挖运土方与顶进作业应循环交替进行，严禁同时进行。

16.8.13 列车或车辆通过时严禁挖土与顶进，人员应撤离至土方可能坍塌范围以外。当挖土或顶进过程中发生塌方，影响行车安全时，必须停止顶进，迅速组织抢修加固。

16.8.14 挖土、顶进应与观测密切配合，随时根据箱涵顶进轴线和高程偏差，及时调整侧刃角切土宽度和船头坡吃土高度，保持箱涵轴线和高程符合设计要求。

1 顶进过程如出现轴线偏差较小时，可用侧墙刃脚切土校正；轴线偏差较大时，应及时启闭两侧纠偏千斤顶校正。

2 顶进中前、后端高程出现偏差，可用船头坡吃土校正，如扎头较大时，可采用边墙上端支垫，产生上支反力以校正扎头，但要同时严密监测、观察路基及线路变化。如因地基软扎头严重时，可采取浇筑快硬混凝土垫梁等措施。

16.9　监控与检查

16.9.1　桥涵顶进前,应测定箱涵初始(预制)位置的里程、轴线及高程并记录。顶进过程中,每一顶程应观测并记录各观测点左、右偏差值、高程偏差值和顶程及总进尺。观测结果应及时报告现场施工负责人员,供控制和校正。

16.9.2　桥涵自启动起,顶进全过程的每一个顶程都应详细记录千斤顶开动数量、位置,油泵压力表读数、总顶力及着力点。如出现异常应立即停止顶进,检查分析原因,采取措施处理后方可继续顶进。

16.9.3　桥涵顶进过程中,应定时观测箱涵底板上观测标钉的高程,计算相对高差、展图,分析结构竖向变形,对中边墙应测定竖向弯曲。当底板及侧墙出现较大变位及转角时应及时分析研究,采取措施。

16.9.4　顶进过程中应定期观测箱涵裂缝及开展情况,重点监测底板、顶板、中边墙、中继间牛腿或剪力铰和顶板前、后悬臂板,发现问题应及时研究采取措施。

16.10　铁 路 加 固

16.10.1　铁路加固应根据顶进桥涵的平面尺寸、位置、高程及现况铁道线路特点(长短轨、道岔等)、线间距、高程、股道数及路基础宽度、密实情况、现场地形与线路重要程度,采取不同加固方法,并在开工前完成加固设计,报请铁路主管部门核准。

16.10.2　铁道线路加固可采用下列常用方法:

1　扣轨加固线路,可用于小型箱涵穿越次要线路时加固。

2　扣轨加穿横梁加固线路,可用于一般情况。

3　扣轨、穿横梁、吊纵梁使多股线路形成一整体,提高其刚度,宜用于箱涵较宽、较长、顶进工期长、线路重要的情况。

16.10.3　为防止铁道线路在顶进过程中发生横向推移,可采取下列措施:

1　在顶进前方路基外设抗推桩,桩顶横系梁与加固横梁连接。抗推桩水平荷载可按箱顶线路及加固材料质量与箱顶摩阻计算。

2　不宜设抗推桩时,可在后背土压力影响区外设地锚,用拉杆与加固横梁拉紧。拉杆松紧程度应均匀一致,拉杆断面宜稍大,防止弹性变形过大。

17 桥面系和附属结构

17.1 排水设施

17.1.1 泄水管、进水口顶面应低于桥面铺装层 10 ～ 15mm。

17.1.2 泄水管下端至少应伸出构筑物底面 100 ～ 150mm。城市立交桥和跨道路桥梁上的泄水管宜通过竖向管道直接引至地面或雨水管道，其竖向管道应采用抱箍、卡环、定位卡等预埋件固定在结构物上。

17.2 桥面防水层

17.2.1 桥面防水层应在现浇桥面结构混凝土或垫层混凝土达到设计强度的 90% 以上，经验收合格后方可施工。

17.2.2 桥面防水使用的涂料、卷材、胶粘剂及辅助材料应符合环保要求。

17.2.3 桥面防水层应直接铺设在混凝土表面层上，不得在二者之间加铺砂浆找平层。

17.2.4 桥面防水基面应符合下列规定：

1 基面应坚实、平整、粗糙，不得有尖硬接茬、裂缝、麻面等缺陷。

2 基面阴阳角应做成半径为 50mm 的圆弧或 135° 的钝角。

3 基面的浆皮、浮灰、油污、杂物等应清除干净。

4 防水卷材和溶剂型防水涂料施工时，基层含水率不得大于 9%。含水率现场检测方法应符合现行《桥面防水工程技术规程》DB11/T 380 有关规定。

5 采用水泥基渗透结晶型防水材料或聚合物水泥防水涂料，基面必须保持湿润，必要时洒水湿润，以保证涂料与基层粘接牢固。

17.2.5 桥面防水材料应符合下列规定：

1 应符合国家现行标准和环保规定。

2 应能抗冻融、耐融冰盐、耐高温、耐刺穿、耐硌破、耐碾压。

3 与水泥混凝土及沥青混凝土粘接力强，不起泡、不分层、不滑动，具有良好的延伸率和低温柔性。

4 进场防水材料应具有出厂检测报告和产品合格证。不合格材料不得使用。进场材料应按规定进行检查和复验。

5 防水涂料、防水卷材及基层处理剂等应符合现行《桥面防水工程技术规程》DB11/T 380 的有关规定。

17.2.6 桥面防水基面需涂基层处理剂时，应使用与卷材或涂料相容的材料。涂层应均匀、全面覆盖，待其渗入基层且表面干燥后方可施作卷材或涂膜防水层。

17.2.7 桥面采用热铺沥青混合料铺装层时，应使用可耐 140 ~ 160℃ 高温的高聚物改性沥青等防水卷材及防水涂料。

17.2.8 桥面防水层应采用满贴法，防水层总厚度和卷材或胎体层数应符合设计要求。防水层与缘石、地袱、伸缩缝、变形缝和泄水口等部位相接处应按设计要求和防水规程细部要求做局部加强处理，且必须粘结牢固、封闭严密。

17.2.9 防水层完成后应加强成品保护，防止压破、刺穿、划痕损坏防水层，并及时经隐蔽验收后铺设桥面铺装层。

17.2.10 防水层严禁在雨天、雪天和五级（含）以上大风天气施工。气温低于 5℃ 时不宜施工；气温低于 0℃ 时不得施工。

17.2.11 涂膜防水层施工应遵守下列规定：

1 基层处理剂干燥后，方可满涂防水涂料，同时铺贴胎体材料，边涂边铺边用刮板刮平，排除气体，与基层粘结牢固。

2 胎体材料宜顺桥方向铺贴，铺贴顺序应自最低处开始，顺流水方向搭接。搭接宽度不得小于 100mm，上下层搭接缝应错开 1/3 幅宽。

3 在胎体材料上涂刷上层涂料时，应使涂料完全覆盖、浸透胎体。

4 下涂层干燥后，方可进行上层施工。每一涂层应厚度均匀、表面平整。

5 溶剂型涂料施工气温宜为 − 5 ~ 35℃；水乳型涂料施工气温宜为 5 ~ 35℃。

17.2.12 卷材防水层施工应遵守下列规定：

1 胶粘剂应与卷材和基层处理剂相互匹配，进场后应取样检验合格后方可使用。

2 基层处理剂干燥后，方可满涂胶粘剂，并及时铺卷材，与基层粘结牢固。各层卷材之间也应满涂胶粘剂，相互粘结牢固。

3 卷材防水层的铺贴，粘结法的胶粘剂应涂刷均匀，全部覆盖底层，边涂边铺贴；热溶法应同时加热卷材和基层，加热应均匀适度，表面溶融后立即滚铺卷材；自粘结法应将自粘胶面隔离纸撕掉，胶面完全裸露。卷材铺贴应不皱不折，粘结牢固。

4 卷材宜顺桥方向铺贴，铺贴顺序应自最低处开始，顺流水方向搭接，搭接宽度纵向不得小于 100mm。横向不得小于 150mm，搭接缝错开距离不得小于幅宽的 1/3 ~ 1/2。

17.2.13 防水粘结层施工应遵守下列规定：

1 钢桥面上铺筑沥青铺装层前，应涂刷防水粘结层。

2 防水粘结材料的品种、规格、性能应符合设计要求和国家现行标准规定。

3 粘结层宜采用橡胶沥青、环氧沥青防水涂料。

4 防水粘结层施工时的环境温度和相对湿度应符合防水粘结材料产品说明书的要求。

5 施工时严格控制防水粘结层材料的加热温度和洒布温度。

17.3 桥面铺装层

17.3.1 桥面防水层经验收合格后应及时进行桥面铺装层施工。雨、雪天和雨、雪后桥面未干燥时，不得进行桥面铺装层施工。

17.3.2 排水设施附近的铺装层应在纵向 1m、横向 0.4m 范围内，逐渐降坡，与汇水槽、泄水口平顺相接。

17.3.3 沥青混合料桥面铺装层施工应遵守下列规定：

1 在水泥混凝土结构上铺筑沥青铺装层应符合下列要求：

1）在桥面涂膜防水层或无页岩保护层的卷材防水层上铺筑沥青铺装层前，应在防水层上撒布一层沥青石屑保护层，并用轻碾慢压；

2）沥青铺装宜采用双层式，底层宜采用高温稳定性较好的中粒式密级配热拌沥青混合料，表层应采用防滑面层；

3）铺装宜采用轮胎或钢筒式压路机碾压。

2 在钢结构上铺筑沥青铺装层应符合下列要求：

1）铺筑前在防水粘结层上撒布一层石屑保护层；

2）宜采用防水性能良好、具有高温抗流动变形和低温抗裂性能、抗疲劳性能较好的改性沥青，其压实设备和工艺应通过试验确定；

3）宜在无雨、少雾季节、干燥状态下施工。施工气温不得低于15℃。

17.3.4 水泥混凝土桥面铺装层施工应遵守下列规定：

1 铺装层的厚度、配筋、混凝土强度等应符合设计要求。

2 铺装层的基面（裸梁或防水层保护层）应粗糙、干净，并于铺装前湿润。

3 桥面钢筋网应位置准确、连续。

4 铺装层表面应做防滑处理。

5 水泥混凝土施工工艺及钢纤维混凝土铺装的技术要求应遵守现行《公路水泥混凝土路面施工技术规范》JTG F30 的有关规定。

17.3.5 人行天桥塑胶混合料面层铺装应遵守下列规定：

1 塑胶混合料的品种、规格、性能应符合设计要求和国家现行标准的规定。

2 塑胶混合料面层厚度、坡度应符合设计要求；应与桥面粘接牢固，并采取防止起皮的措施。

3 施工时的环境温度和相对湿度应符合材料产品说明书的要求，风力超过 5 级（含）、雨、雪天和雨、雪后桥面未干燥时，严禁铺装施工。

4 塑胶混合料应计量准确，严格控制拌和时间。拌和均匀的胶液应及时运到现场铺装。

5 塑胶混合料必须采用机械搅拌，应严格控制材料的加热温度和摊铺温度。

6 塑胶铺装宜在桥面全宽度内、两条伸缩缝之间，应一次连续摊铺完成。

7 塑胶混合料面层终凝之前严禁行人通行。

17.4 桥梁伸缩装置

17.4.1 桥梁伸缩装置应遵守下列规定：

1 伸缩装置型号、规格与伸缩量应符合设计要求；

2 具有足够强度，能承受设计标准的荷载；

3 城市桥梁伸缩装置应具有良好的防水、防噪声性能；

4 安装、维护、保养、更换简便。

17.4.2 伸缩装置安装前应检查修正梁端预留缝的间隙，缝宽应符合设计要求，上下必须贯通，不得堵塞。伸缩装置应锚固可靠，锚固段（过渡段）混凝土应密实，有足够的强度。浇筑锚固混凝土时应采取措施，防止漏浆堵塞梁端伸缩缝隙。

17.4.3 伸缩装置安装前应对照设计要求、产品说明，对成品进行验收，合格后方可使用。应按安装时气温确定安装定位值，保证设计伸缩量。

17.4.4 伸缩装置宜采用后嵌法安装，即在锚固段预留槽内先填充易剔除的材料，沥青桥面铺装层碾压完成后，再将锚固段铺装层切开，刨除槽内填充材料，安装伸缩装置，并浇筑锚固段混凝土。

17.4.5 填充式伸缩装置施工应遵守下列规定：

1 预留槽几何尺寸应符合设计要求，安装前预留槽基面和侧面应进行清洗和烘干。

2 梁端伸缩缝处应粘结止水密封条。

3 填充填料前应在预留槽基面上涂刷底胶，热拌混合料应分层摊铺在槽内并捣实。

4 填料顶面应略高于桥面，并撒布一层黑色碎石，用压路机碾压成型。

17.4.6 橡胶伸缩装置施工应遵守下列规定：

1 安装橡胶伸缩装置应尽量避免预压工艺。橡胶伸缩装置当气温在5℃以下时不宜安装。

2 安装前应对伸缩装置预留槽进行修整，使其尺寸符合设计要求。

3 锚固螺栓位置应准确，焊接必须牢固。

4 伸缩装置安装合格后应及时浇筑两侧锚固段混凝土，并与桥面铺装接顺。每侧混凝土宽度不宜小于50cm。

17.4.7 齿形钢板伸缩装置施工应遵守下列规定：

1 底层支撑角钢应与梁端锚固筋焊接牢固。

2 支撑角钢和底层钢板焊接时，应采取防止钢板局部变形措施。

3 齿形钢板宜采用整块钢板仿形切割成型，经加工后对号入座。

4 安装顶层齿形钢板，应按安装时气温经计算确定定位值。齿形钢板与底层钢板端部焊缝应采用间隔跳焊，中部塞孔焊应间隔分层满焊。焊接后齿形钢板与底层钢板应密贴。

5 在梁端伸缩缝处宜采用U形铝板或橡胶板密封止水。

17.4.8 模数式伸缩装置施工应遵守下列规定：

1 模数式伸缩装置在工厂组装成型后运至工地，应按现行《公路桥梁橡胶伸缩装置》JT/T 327规定对成品进行验收，合格后方可安装。

2 伸缩装置安装时其间隙量定位值应由厂家根据施工时的气温在工厂完成，用定位卡固定。如需在现场调整间隙量，应在厂家专业人员指导下进行，调整定位并固定后应及时安装。

3 伸缩装置应使用专用车辆运输，按厂家标明的吊点进行吊装，防止变形。现场堆放场地应平整，并避免雨淋曝晒和防尘。

4 安装前应检查锚固筋规格和间距、预留槽尺寸，确认符合设计要求，并清理预留槽。

5 分段安装的长伸缩装置需现场焊接时，宜由厂家专业人员施焊。

6 伸缩装置中心线与梁端间隙中心线应重合。伸缩装置顶面各点高程应与桥面横断面高程对应一致。

7 伸缩装置的边梁和支承箱应焊接锚固，并在作业中采取防止变形措施。

8 过渡段混凝土与伸缩装置相接处应粘固密封条。

9 混凝土达到设计强度，方可拆除定位卡。

17.5 防 护 设 施

17.5.1 栏杆、防撞墩、隔离墩等防护设施应在桥梁上部结构混凝土的浇筑支架卸落后施工，其线形应流畅、平顺，伸缩缝必须全部贯通，并与主梁伸缩缝相对应。

17.5.2 防护设施现浇混凝土或预制混凝土施工应遵守《混凝土结构施工技术规程》Q/BMG 103 的有关规定。

17.5.3 混凝土预制构件的卧底砂浆强度应符合设计要求；当设计无要求时，宜采用 M20 水泥砂浆。

17.5.4 预制混凝土栏杆采用榫槽连接时，安装就位后应用硬楔块固定，灌浆固结。楔块拆除时，灌浆材料强度不得低于设计强度的 75%。采用金属栏杆时，焊接必须牢固，毛刺应打磨平整，并及时除锈防腐。

17.5.5 防撞墩、隔离墩必须与桥面混凝土预埋件、预埋筋连接牢固，并在施做桥面防水层前完成。

17.6 人 行 道

17.6.1 人行道结构应在栏杆、地袱完成后施工，且在桥面铺装层施工前完成。

17.6.2 人行道下铺设其他设施时，应在其他设施隐蔽验收合格后，方可进行人行道铺装。

17.6.3 悬臂式人行道构件必须在主梁横向连接或拱上建筑完成后方可安装。人行道板必须在人行道梁锚固后方可铺设。

17.6.4 人行道施工应遵守《道路工程施工技术规程》Q/BMG 105 的有关规定。

17.7 隔声和防眩装置

17.7.1 隔声和防眩装置应在基础混凝土达到设计强度后，方可安装。施工中应加强产品保护，不得损伤隔声和防眩板面及其防护涂层。

17.7.2 防眩板安装应与桥梁线形一致，防眩板的荧光标识面应迎向行车方向，板间距、遮光角应符合设计要求。

17.7.3 声屏障加工与安装应遵守下列规定：

1 声屏障的加工模数宜由桥梁两伸缩缝之间的长度而定。

2 声屏障必须与钢筋混凝土预埋件牢固连接。

3 声屏障应连续安装，不得留有间隙，在桥梁伸缩缝部位应按设计要求处理。

4 安装时应选择桥梁伸缩缝一侧的端部为控制点，依序安装。

5 五级（含）以上大风时不得进行声屏障安装。

17.8 桥头搭板和梯道

17.8.1 桥头搭板施工,应保证桥梁伸缩缝贯通、不堵塞。

17.8.2 现浇桥头搭板基底应平整、密实,在土基上浇筑应铺 30~50mm 厚水泥砂浆垫层。

17.8.3 预制桥头搭板安装时,应在与地梁、桥台接触面铺 20~30mm 厚水泥砂浆,搭板应安装稳固不翘曲。预制板纵向留灌浆槽,灌浆应饱满,砂浆达到设计强度后方可铺筑路面。

17.8.4 混凝土、砌体梯道施工应符合《混凝土结构施工技术规程》Q/BMG 103 和《砌体结构施工技术规程》Q/BMG 104 的相关规定。钢梯道施工应遵守本规程第 13 章的有关规定。梯道平台和阶梯顶面应平整,不得反坡造成积水。

17.9 防冲刷结构（锥坡、护坡、护岸、海墁、导流坝）

17.9.1 防冲刷结构的基础埋置深度及地基承载力应符合设计要求。锥坡、护坡、护岸、海墁的结构厚度应满足设计要求。

17.9.2 干砌护坡时,护坡土基应夯实,达到设计要求的压实度。砌筑时应纵横挂线,按线砌筑。需铺设砂砾垫层时,砾料的粒径不宜大于 50mm,含砂量不宜超过 40%。施工中应随填随砌,边口处应用较大石块砌成整齐坚固的封边。

17.9.3 栽砌卵石护坡应选择长径扇形石料,长度宜为 250~350mm。卵石应垂直于斜坡面,长径立砌,扁面衔接,石缝错开。

17.9.4 栽砌卵石海墁,宜采用横砌方法,砌缝垂直于水流方向,卵石应相互咬紧,略向下游倾斜。

18 桥梁荷载试验

18.1 一般规定

18.1.1 桥梁荷载试验应委托具有相应检测资质的专业检测单位进行。

18.1.2 荷载试验前应由检测单位编制试验方案，报送试验主管单位，经专家论证批准后实施。

18.1.3 桥梁荷载试验应具备下列条件：

    1 桥梁主体结构具备承载条件。

    2 环境、场地、交通等具备设计单位、监理工程师要求的试验条件。

18.2 试验准备工作

18.2.1 试验仪器、设备应经具有相应资质的计量单位标定，且在有效期内使用。

18.2.2 荷载试验的测试点与布载点位置应根据试验方案现场放线确定，并设标识。工况较多时，宜设不同颜色的标识，以示区分。

18.2.3 荷载试验需在结构内布设传感元件时，宜在结构施工中同步埋设。

18.2.4 搭设测试支架和脚手架应遵守下列规定：

    1 测试支架和脚手架应依其承载情况进行设计，具有足够强度、刚度、稳定性。

    2 脚手架的宽度、长度应满足测试人员的操作需要与安全要求。

    3 测试支架应满足仪表安装的需要，且不会因自身变形而影响测试精度。

    4 测试支架不得与脚手架相连。

    5 测试支架和脚手架搭设后，应经检查验收，确认符合要求方可使用。

18.2.5 安放数据采集仪器的工作室应设置在试验区外的桥头等处。

18.2.6 静载试验中选择卸载位置应遵守下列规定：

    1 方便加、卸载。

    2 距加载位置较近。

    3 不得影响试验桥跨（或墩台）的受力。

18.2.7 荷载试验前，应配备仪器、设备的遮阳设施；雨期进行荷载试验时，尚应配备仪器、设备的防雨设施。

18.2.8 试验现场应有充足的照明设施与足够的通信、联络工具。

18.2.9 现场应划定测试作业范围，在其周围应设置护栏和警示标志，并派人值守。非试验人员不得入内。

18.2.10 试验工作量较大、较复杂时，宜在试验前进行现场演练。

18.2.11 现场应对加载车辆和社会交通进行疏导、指挥，确保交通安全和试验工作有序进行。

18.3 静载试验

18.3.1 静载试验应统一指挥，严格按试验方案所列的加载工况和加载顺序进行。

18.3.2 试验前应制定应急预案，确定出现意外情况时的卸载、人员疏散、仪器设备保护等措施。

18.3.3 荷载试验在分工况、分段加载前，应先进行结构预加载。

18.3.4 加、卸载应遵守下列规定：

1 采用重物加载时应按荷载分级施加，每级荷载应堆放位置准确、整齐稳定，荷载施加完毕后应逐级卸载。

2 采用车辆加载时，每个工况加载不少于4级，分别为25%、50%、75%、100%。每个工况完成后应全部卸载。

3 当发生下列情况时应停止加载：

1）控制测点的应力值已达到或超过按弹性理论计算的应力值时；

2）控制测点变位（或挠度）超过设计值或规范允许值时；

3）由于加载，使结构裂缝的长度、宽度急剧增加时；

4）发生其他损坏，影响桥梁承载能力或正常使用时。

18.3.5 加、卸载稳定时间控制应符合设计要求，设计未要求时应遵守下列规定：

1 为控制加、卸载稳定时间，宜选择一个控制观测点（如简支梁的跨中挠度或应变测点），在每级加载（或卸载）后立刻测读一次，计算其与加载（或卸载）前测读值之差 s_g，然后每隔2min测读一次，计算2min前后读数的差值 Δs，并按下式计算相对读数差值 m：

$$m = \frac{\Delta s}{s_g} \tag{18.3.5}$$

当 m 值小于5%或小于量测仪器最小分辨值时，即认为结构基本稳定，可进行各观测点读数。

2 当进行主要控制截面最大内力荷载工况加载程序时，荷载在桥上稳定时间不得少于10min。

18.3.6 加载过程的观察应遵守下列规定：

1 加载过程应对结构控制点位移（或应变）、结构整体行为和薄弱部位破损实行监控，随时将控制点位移与计算结果比较，并将观察结果报告指挥人员作为控制加载的依据。如实测值超过计算值较多，则应停止加载，查明原因再决定是否继续加载。

2 观测人员如发现其他测点的测值有较大的反常变化也应及时向指挥人员报告，停止加载，查明原因。

3 加载过程中应指定人员随时观察结构各部位是否产生新裂缝；构件薄弱部位是否有开裂、破损；支座附近结构是否有开裂；横隔板接头是否拉裂；结构是否有不正常响声；墩台是否产生摇晃现象等。如发生以上情况应立即报告指挥人员，以便采取相应措施。

18.3.7 试验观测与记录应遵守下列规定：

1 仪表安装后、加载试验前，应对各测点进行一段时间的温度稳定观测，中间可每10min读数一次。观测时间宜选择在加载试验时外界气候条件对观测造成误差的影响范围，用于测点的温度影响修正。

2 人工读表时，仪表的测读应准确、迅速，记录在专门表格上，并应对所有测点量值变化情况进行检查，对工作反常的测点应检查仪表安装是否正确，并分析其他可能影响正常工作的原因，及时排除故障。对于控制测点应在排除故障后重复一次加载测试项目。

3 当采用仪器自动采集数据时，应对控制点的应变和位移进行监控，测试结果规律异常时，应查明原因，采取补救措施。

4 加载试验过程中应对结构承受拉力较大部位和结构既有裂缝较长、较宽部位进行裂缝观测。在这些部位应量测裂缝的长度、宽度，并对混凝土表面沿裂缝走向进行描绘。加载过程中应观测裂缝长度及宽度变化情况，并记录在专门的表格上，或直接在结构表面上进行描绘记录。加载至最不利荷载及卸载后应对结构裂缝进行全面检查，尤其应仔细检查是否产生新的裂缝，并将最后检查情况填入裂缝观测记录表，必要时可将裂缝发展情况绘制在裂缝展开图上。

5 每个观测人员分管的仪器仪表数量除考虑便于观测外，尚应使每人对分管仪表进行一次观测所需的时间大致相同。

6 观测应准确，记录应及时、完整、清晰。

18.3.8 荷载试验完成，应由检测单位提出数据详实、记录全面的桥梁荷载试验报告。

附录 A 试桩试验方法

摘自《公路桥涵施工技术规范》JTJ 041—2000。

A.1 一般规定

A.1.1 本办法适用于施工阶段检验性的试桩，其内容包括工艺试验、动力试验及静压、静拔和静推试验。但在多年冻土、湿陷性黄土等地层的试桩试验，不适用本办法。

A.1.2 试桩的位置，宜选择在有代表性地质的地方，并尽量靠近地质钻孔或静力触探孔，其间距一般不宜大于5m或小于1m。

A.1.3 勘测设计阶段的试桩数量由设计部门确定，施工阶段的试桩数量，规定如下：

1 静压试验，应按合同规定数量进行试桩，一般可按下列规定进行：

1）在相同地质情况下，按桩总数的1%计，并不得少于2根；

2）位于深水处的试桩，根据具体情况，由有关部门研究确定；

2 静拔、静推试验，根据合同要求办理；

3 工艺试验由施工单位拟定，报有关部门批准。

A.1.4 试桩前应进行下列准备工作：

1 试桩的桩顶如有破损或强度不足时，应将破损和强度不足段凿除后，修补平整；

2 作静推试验的桩，如系空心桩，则应于直接受力部位填充混凝土；

3 作静压、静拔的试桩，应将承台底面以上部分或局部冲刷线以上部分的摩擦力扣除；

4 作静压、静拔的试桩，桩身需通过新沉积尚未固结的土层或湿陷性黄土、软土等土层对其产生向上的负摩擦力部位时，应在桩表面采取设涂层或设置套管等方法予以消除；

5 在冰冻季节试桩时，应将桩周围的冻土全部融化。其融化范围，静压、静拔试验时，离试桩周围不小于1m；静推试验时，不小于2m，融化状态应保持到试验结束。在结冰的水域做试验时，桩与冰层间应保持不小于10cm的间隙。

A.2 工艺试验和冲击试验

A.2.1 施工阶段的工艺试验和冲击试验的主要目的如下：

1 选择合理的施工方法和机具设备；

2 检验桩沉入土中的深度能否达到设计要求；

3 选定锤击沉桩时的锤垫、桩垫及其参数；

4 利用静压试验等方法，验证选用的动力公式在该地质条件下的准确程度；

5 选定射水设备及射水参数（水量、水压等）；

6 查定沉桩时有无"假极限"或"吸入"现象，并确定是否需要复打以及决定复打前的"休止"天数；

7 确定施工工艺和停止沉桩的控制标准。

A.2.2 冲击试验的程序应符合下列规定：

1 使用蒸汽锤时，预先将汽锤加热。

2 用单动汽锤、坠锤沉桩时，记录桩身每下沉1.0m的锤击数和全桩的总锤击数，并测量锤击每米沉桩平均落锤高度；用双动汽锤、柴油锤、振动锤沉桩时，记录桩身每下沉1.0m的锤击（或振动）时间和全桩的总锤击（或总振动）时间。

3 当桩沉至接近设计标高附近（约1.0m左右）时，用单动汽锤、坠锤沉桩，记录每10cm的锤击数，最后加打5锤，记录桩的下沉量，算出每锤平均值（以mm/击计），作为停锤贯入度；用双动汽锤、柴油锤、振动锤沉桩，记录每10cm的锤击（或振动）时间，算出最后10cm每分钟的平均值（以mm/min计），作为停锤贯入度。

4 冲击（复打）试验和注意事项应符合下列要求：

1）冲击试验应经过"休止"后进行，"休止"时间按照本条第6款的规定；

2）用沉桩时达到最后贯入度相同的功能（用坠锤、单动汽锤或柴油锤时，使落锤高度相同；用双动汽锤时，使汽压相同，并迅速送汽锤击；用振动锤时使其各项技术条件相同）和相同的设备（包括桩锤规格、桩帽、锤垫、桩垫等）进行锤击或振动；

3）用坠锤、单动汽锤沉桩，着实的锤击5锤取其平均贯入度；用双动汽锤、柴油锤、振动锤沉桩，取其最后10cm的锤击、振动时间的每分钟平均贯入度作为最终贯入度，贯入度的单位分别为mm/击，mm/min。

5 填写沉桩试验记录。

6 "休止"时间应根据土质不同而异，可由试验确定，一般不少于下列天数：

1）桩穿过砂类土、桩尖位于大块碎石土、紧密的砂类土或坚硬的黏质土上，不少于1d；

2）在粗、中砂和细砂里，不少于3d；

3）在黏质土和饱和的粉质土里，不少于6d。

A.3 静压试验

A.3.1 试验目的：通常用来确定单桩承载力和荷载与位移的关系，以及校核动力公式的准确程度。

A.3.2 试验方法：采用慢速维持荷载法，若设计无特殊要求时，用单循环加载试验。

A.3.3 试验时间：静压试验应在冲击试验后立即进行。对于钻（挖）孔灌注桩，须待混凝土达到能承受设计要求荷载后，才可进行试验。

A.3.4 试验加载装置：一般采用油压千斤顶加载。千斤顶的反力装置可根据现场的实际条件选用下列三种形式之一：

1 锚桩承载梁反力装置：锚桩承载梁反力装置能提供的反力，应不小于预估最大试验荷载的1.3~1.5倍。

锚桩一般采用4根，如入土较浅或土质松软时可增至6根。锚桩与试桩的中心间距，当试桩直径（或边长）小于或等于80cm时，可为试桩直径（或边长）的5倍；当试桩直径大于80cm时，不得小于4m。

2 压重平台反力装置：利用平台上压重作为对桩静压试验的反力装置。压重不得小于预估最大试验荷载的1.2倍、压重应在试验开始前一次加上。试桩中心至压重平台支承边缘的距离与上述试桩中心至锚桩中心距离相同。

3 锚桩压重联合反力装置：当试桩最大加载量超过锚桩的抗拔能力时，可在承载梁上放置或悬挂一定重物，由锚桩和重物共同承受千斤顶反力。

A. 3. 5 测量位移装置：测量仪表必须精确，一般使用 1/20mm 光学仪器或力学仪表，如水平仪、挠度仪、偏移计等。支撑仪表的基准架，应有足够的刚度和稳定性。基准梁的一端在其支承上可以自由移动，不受温度影响引起上拱或下挠。基准桩应埋入地基表面以下一定深度，不受气候条件等影响。基准桩中心与试桩、锚桩中心（或压重平台支承边缘）之间距离宜符合表 A. 3. 5 的规定。

表 A. 3. 5 **基准桩中心至试桩、锚桩中心**（或压重平台支承边缘）**的距离**

反 力 系 统	基准桩与试桩	基准桩与试桩（或压重平台支承边）
锚桩承载梁反力装置	$\geq 4d$	$\geq 4d$
压重平台反力装置	$< 2.0m$	$< 2.0m$

注：表中为试桩的直径或边长 $d \leq 80cm$ 的情况；若试桩直径或边长 $d > 80cm$ 时，基准桩中心至试桩中心（或压重平台支承边）的距离不宜小于 4.0m。

A. 3. 6 加载方法应符合下列规定：

1 加载重心应与试桩轴线相一致。加载时应分级进行，使荷载传递均匀，无冲击。加载过程中，不使荷载超过每级的规定值；

2 加载分级：每级加载量为预估最大荷载的 1/10 ~ 1/15。当桩的下端埋入巨粒土、粗粒土以及坚硬的黏质土中时，第一级可按 2 倍的分级荷载加载；

3 预估最大荷载：对施工检验性试验，一般可采用设计荷载的 2.0 倍。

A. 3. 7 沉降观测应遵守下列规定：

1 下沉未达稳定不得进行下一级加载；

2 每级加载的观测时间规定为：每级加载完毕后，在第一个小时内，每隔 15min 观测一次；第二个小时内，每隔 30min 观测一次；第三个小时起，每隔 1h 观测一次。

A. 3. 8 稳定标准：每级加载下沉量，在下列时间内如不大于 0.1mm 时即可认为稳定：

1 桩端下为巨粒土、砂类土、坚硬黏质土，最后 30min；

2 桩端下为半坚硬和细粒土，最后 1h。

A. 3. 9 加载终止及极限荷载取值应遵守下列规定：

1 总位移量大于或等于 40mm，本级荷载的下沉量大于或等于前一级荷载的下沉量 5 倍时，加载即可终止。取此终止时荷载小一级的荷载为极限荷载。

2 总位移量大于或等于 40mm，本级荷载加上 24h 未达稳定，加载即可终止。取此终止时荷载小一级的荷载为极限荷载。

3 巨粒土、密实砂类土以及坚硬的黏质土中，总下沉量小于 40mm，但荷载已大于或等于（设计荷载）×（设计要求的安全系数），加载即可终止。取此时的荷载为极限荷载。

4 施工过程中的检验性试验，一般加载应继续到桩的两倍设计荷载为止。如果桩的总沉降量不超过 40mm，及最后一级加载引起的沉降不超过前一级加载引起的沉降的 5 倍，则该桩可以予以检验。

5 极限荷载的确定，有时比较困难，应绘制荷载—沉降曲线（P—S 曲线）、沉降—时间曲线（S—t 曲线）确定，必要时还应绘制 S—$\lg t$ 曲线、S—$\lg p$ 曲线（单对数法）、

S—$[1$—$P/P_{max}]$ 曲线（百分率法）等综合比较，确定比较合理的极限荷载取值。

A.3.10 桩的卸载和回弹量观测应遵守下列规定：

1 卸载应分级进行，每级卸载量为两个加载级的荷载值。每级荷载卸载后，应观测桩顶的回弹量，观测方法与沉降相同。直到回弹稳定后，再卸下一级荷载。回弹稳定标准与下沉稳定标准相同。

2 卸载到零后，至少在 2h 内每 30min 观测一次，如果桩尖下为砂类土，则开始 30min 内，每 15min 观测一次；如果桩尖下为黏质土，第一小时内，每 15min 观测一次。

A.3.11 试验记录：所有试验数据，应按表 A.3.11 及时填写记录，绘制静压试验曲线，如图 A.3.11 所示，并编写试验报告。

表 A.3.11 静压试验记录表

_____线_____桥_____号试桩　　　　　　　地质情况_____

沉桩方法及设备型号_____　　　　　　桩的类型、截面尺寸及长度_____

桩的入土深度_____（m）　　设计荷载_____（kN）　　最终贯入度_____（mm/击）

加载方法_____　　　　　　　　加载顺序_____

荷载编号	起止时间			间歇时间（min）	每级荷载（kN）	各表读数（mm）		平均读数（mm）	位移（mm）			气温（℃）	备注
	日	时	分			1号	2号		下沉	上拔	水平		
其他记录													

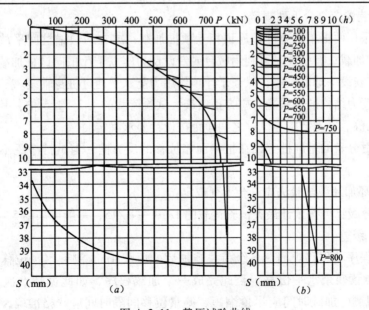

图 A.3.11 静压试验曲线
(a) P—S 曲线；(b) S—i 曲线

A. 4 静 拔 试 验

A. 4. 1 试验目的：在个别桩基中设计承受拉力时，用以确定单桩抗拔容许承载力。

A. 4. 2 试验时间：一般可按复打规定的"休止"时间以后进行。对于钻（挖）孔灌注桩，须待灌注的混凝土强度达到设计要求的强度后才可进行。静拔试验也可在静压试验后进行。

A. 4. 3 加载装置：可采用油压千斤顶加载。千斤顶的反力装置，一般采用两根锚桩和承载梁组成，试桩和承载梁用拉杆连接，将千斤顶置于两根锚桩之上，顶推承载梁，引起试桩上拔。试桩与锚桩间中心距离可按本附录第 A. 3. 4 条第 1 款确定。

A. 4. 4 加载方法：一般采用慢速维持荷载法进行。施加的静拔力，必须作用于桩的中轴线。加载应均匀、无冲击。每级加载量不得大于预计最大荷载的 1/10 ～ 1/15。

A. 4. 5 位移观测：按第 A. 3. 7 条沉降观测规定办理。

A. 4. 6 稳定标准：位移量小于或等于 0.1mm/h，即可认为稳定。

A. 4. 7 加载终止：勘测设计阶段，总位移大于或等于 25mm，加载即可终止；施工阶段，加载不应大于设计容许抗拔荷载。

A. 4. 8 试验记录：所有试验观测数据，应按表 A. 3. 11 及时填写记录，并绘制如图 A. 3. 11 所示的曲线（代表拔出位移的纵坐标，改为向上）。

A. 5 静 推 试 验

A. 5. 1 试验目的及试验方法：试验目的主要是确定桩的水平承载力、桩侧地基土水平抗力系数的比例系数。试验方法是对于承受反复水平荷载的基桩，采用多循环加卸载方法；对于承受长期水平荷载的基桩，采用单循环加载方法。

A. 5. 2 加载装置应符合下列规定：

1 一般采用两根单桩通过千斤顶相互顶推加载；或在两根锚桩间平放一根横梁，用千斤顶向试桩加载；有条件时可利用墩台或专设反力座以千斤顶向试桩加载。在千斤顶与试桩接触处宜安设一球形铰座，保证千斤顶作用力能水平通过桩身轴线。

2 加载反力结构的承载能力应为预估最大试验荷载的 1.3 ～ 1.5 倍，其作用方向的刚度不应小于试桩。反力结构与试桩之间净距按设计要求确定。

3 固定百分表的基准桩宜设在桩侧面靠位移的反方向，与试桩净距不小于试桩直径的一倍。

A. 5. 3 多循环加卸载试验法应符合下列规定：

1 加载分级：可按预计最大试验荷载的 1/10 ～ 1/15，一般可采用 5～10kN，过软的土可采用 2kN 级差。

2 加载程序与位移观测：各级荷载施加后，恒载 4min 测读水平位移，然后卸载至零，2min 后测读残余水平位移，至此完成一个加载程序，如此循环 5 次，便完成一级荷载的试验观测。加载时间应尽量缩短，测量位移间隔时间应严格准确，试验不得中途停歇。

3 当出现下列情况之一，即可终止加载：

1）桩顶水平位移超过 20～30mm（软土取 40mm）；

2）桩身已经断裂；

3）桩侧地表明显裂纹或隆起。

A.5.4 多循环加卸载法的资料整理，应由试验记录绘制水平荷载—时间—桩顶位移关系曲线（$H—T—x$ 曲线），见图 A.5.4-1；00 水平荷载—位移梯度关系曲线（$H—\Delta x/\Delta H$ 曲线），见图 A.5.4-2；当桩身具有应力量测资料时，尚应绘制应力沿桩身分布和水平力—最大弯矩截面钢筋应力关系曲线（$H—\sigma_g$ 曲线），见图 A.5.4-3。

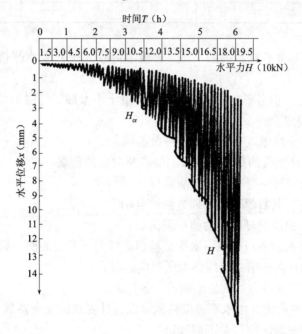

图 A.5.4-1　$H—T—x$ 曲线

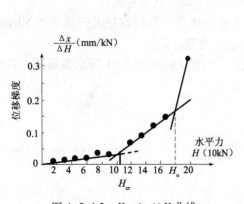

图 A.5.4-2　$H—\Delta x/\Delta H$ 曲线

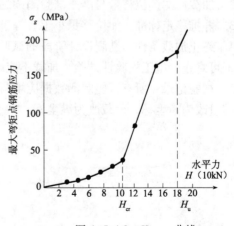

图 A.5.4-3　$H—\sigma_g$ 曲线

单桩水平静推试验记录参照表 A.5.4。

表 A.5.4 水平静推试验记录

试桩号：　　　　　　　　　　　　　　　　　　　　　　　　　　　　　　　　上下表距：

荷载 (kN)	观测时间 (d/h/min)	循环数	加 载		卸 载		水平位移 (mm)		加载上下 表读数差	转角	备注
			上表	下表	上表	下表	加载	卸载			

试验　　　　　　　　记录　　　　　　　校核　　　　　　　　施工负责人　　　　　　

A.5.5 多循环加卸载临界荷载（H_{cr}）、极限荷载（H_u）及水平抗推容许承载力确定应符合下列规定：

1 临界荷载 H_{cr}：相当于桩身开裂，受拉混凝土不参加工作时的桩顶水平力，其数值可按下列方法综合确定：

1）取 H—T—x 曲线出现突变点的前一级荷载；

2）取 H—$\Delta x/\Delta H$ 曲线的第一直线段的终点所对应的荷载；

3）取 H—σ_g 曲线第一突变点对应的荷载。

2 极限荷载 H_u：其数值可按下列方法综合确定：

1）取 H—T—x 曲线明显陡降的前一级荷载；

2）取 H—T—x 曲线各级荷载下水平位移包络线向下凹曲的前一级荷载；

3）取 H—$\Delta x/\Delta H$ 曲线第二直线终点所对应的荷载；

4）桩身断裂或钢筋应力达到流限的前一级荷载。

3 水平抗推容许荷载：由水平极限荷载除以设计要求的安全系数。

A.5.6 单循环加载试验法应符合下列规定：

1 加载分级与多循环加卸载试验方法相同；

2 加载后测读位移量与静压试验测读的方法相同；

3 静推稳定标准：如位移量小于或等于 0.05mm/h 即可认为稳定；

4 终止加载条件：勘测设计阶段的试验，水平力作用点处位移量大于或等于 50mm，加载即可终止；施工检验性试验，加载不应超过设计的容许荷载；

5 试验记录：所有试验观测数据应填写记录，并绘制如图 A.3.11 所示曲线图。将水平位移量改为横坐标，荷载改为纵坐标。

附录 B 沉桩选锤参考资料

B. 0. 1 锤击沉桩时，锤重选择可见表 B. 0. 1。

表 B. 0. 1 锤重选择

<table>
<tr><td colspan="2" rowspan="2">锤　　　型</td><td colspan="6">柴　油　锤　（t）</td></tr>
<tr><td>20</td><td>25</td><td>35</td><td>45</td><td>60</td><td>72</td></tr>
<tr><td rowspan="4">锤的动力性能</td><td>冲击部分重（t）</td><td>2.0</td><td>2.5</td><td>3.5</td><td>4.5</td><td>6.0</td><td>7.2</td></tr>
<tr><td>总重（t）</td><td>4.5</td><td>6.5</td><td>7.2</td><td>9.6</td><td>15.0</td><td>18.0</td></tr>
<tr><td>冲击力（kN）</td><td>2000</td><td>2000~2500</td><td>2500~4000</td><td>4000~5000</td><td>5000~7000</td><td>7000~10000</td></tr>
<tr><td>常用冲程（m）</td><td colspan="6">1.8~2.3</td></tr>
<tr><td rowspan="2">桩的截面尺寸</td><td>预制方桩、预应力管桩的边长或直径（cm）</td><td>25~35</td><td>35~40</td><td>40~45</td><td>45~50</td><td>50~55</td><td>55~60</td></tr>
<tr><td>钢管桩直径（cm）</td><td colspan="2">$\phi40$</td><td>$\phi60$</td><td>$\phi90$</td><td colspan="2">$\phi90~100$</td></tr>
<tr><td rowspan="4">持力层</td><td rowspan="2">黏性土，粉土</td><td>一般进入深度（m）</td><td>1~2</td><td>1.5~2.5</td><td>2~3</td><td>2.5~3.5</td><td>3~4</td><td>3~5</td></tr>
<tr><td>静力触探比贯入阻力 P_s 平均值（MPa）</td><td>3</td><td>4</td><td>5</td><td>>5</td><td>>5</td><td>>5</td></tr>
<tr><td rowspan="2">砂土</td><td>一般进入深度</td><td>0.5~1</td><td>0.5~1.5</td><td>1~2</td><td>1.5~2.5</td><td>2~3</td><td>2.5~3.5</td></tr>
<tr><td>标准贯入击数 N（未修正）</td><td>15~25</td><td>20~30</td><td>30~40</td><td>40~45</td><td>45~50</td><td>50</td></tr>
<tr><td colspan="2">锤的常用控制贯入度（cm/10击）</td><td>—</td><td>2~3</td><td>—</td><td>3~5</td><td>4~8</td><td>—</td></tr>
<tr><td colspan="2">设计单桩极限承载力（kN）</td><td>400~1200</td><td>800~1600</td><td>2500~4000</td><td>3000~5000</td><td>5000~7000</td><td>7000~10000</td></tr>
</table>

注：1 本表仅供选锤用；
　　2 本表适用于 20~60m 长预制钢筋混凝土桩及 40~60m 长钢管桩，且桩尖进入硬土层有一定深度。

B. 0. 2 振动沉桩时，振动锤的振动力（P），应能克服桩在下沉中土的摩阻力（R），$P>R$。

1 土的摩阻力应按下式计算：

$$R = fuL \tag{B. 0. 2-1}$$

式中 f——土单位面积的动摩阻力（kPa），可见表 B. 0. 2；

　　u——桩的周边长度（m）；

　　L——桩的入土深度（m）；

　　R——土的摩阻力 R（kN）。

表 B. 0. 2 f 值

砂　性　土		黏　性　土	
标准贯入击数	f（kPa）	标准贯入击数	f（kPa）
0~4	10	0~2	10
4~10	10	2~4	10
10~30	20	4~8	20
30~50	20	8~15	25
>50	40	15~30	40
		>30	50

2 振动锤的振动力应按下式计算：

$$P = 0.04n^2M \qquad \text{(B. 0. 2-2)}$$

式中 P——振动力（kN）；

n——偏心锤转速（r/s）；

M——振动锤的偏心力矩（kN·cm）。

但偏心力矩 M 应满足下式：

$$M = AQ \qquad \text{(B. 0. 2-3)}$$

式中 A——振幅，在软土地基中，$A > 0.7\text{cm}$；

在其他地基中，$A \geqslant 1.1\text{cm}$。

Q——桩和锤总重力（kN）。

附录 C 射水沉桩技术资料

C.0.1 射水沉桩必须配合锤击或振动沉桩使用。配合方式可以射水为主，也可以射水和锤击或射水和振动同时进行，或以射水与锤击、振动交替使用。无论采用何种方式，下沉的最后阶段仍应纯用锤击或振动下沉达到设计标高。

C.0.2 水压与水量计算

射水设备须根据实际施工需要的水压与水量而选定。而水压及流量与地质条件、所配用的桩锤或振动机具、沉桩深度和射水管的直径、数目等有关。较妥善的方法是在沉桩施工前经过试桩后选定。

射水配合下沉实心桩时，射水管布置在桩的外侧，不同的土质和不同的沉桩深度要求的水压、水量、射水管数目和直径可参考表 C.0.2-1；射水配合下沉空心桩时，可参考表 C.0.2-2。

表 C.0.2-1 射水下沉实心桩所需水压和耗水量

桩穿过的土层	沉入土中深度（m）	射水嘴处需要的水压（kg/cm²）	射水管数目和直径（mm）每桩耗水量（t/h）	
			桩截面≤30cm	桩截面 40~60cm
淤泥、淤黏土、软黏土、松砂土和吸水饱和的砂土	<8	4~6	2×37 24.0~42.0	2×50 42.0~60.0
	8~16	6~10	2×50 54~84	2×50 54~84
	16~24	8~15	—	2×63 96~120
坚实的砂层、砂夹砾石或卵石、亚黏土、中等密实的黏土	<8	8~15	2×50 54~72	2×50 60~102
	8~20	15~20	2×63 108~150	2×63 108~150

注：表中所示射水管项目，适用于在旱地或无水流的基坑中下沉垂直桩。

表 C.0.2-2 射水下沉空心桩所需水压和耗水量

桩穿过的土层	沉入土中深度（m）	射水嘴处需要的水压（kg/cm²）	每桩耗水量（t/h）	
			管桩直径（cm）	
			30~50	50~80
细砂、淤泥、松砂土、软黏土	15~25	7~10	60~72	72~90
	25~35	10~15	72~120	90~150
	>35	15~20	120~180	150~210
坚实的砂层、轻亚黏土、砂夹砾石或卵石、中等密实的亚黏土和黏土	15~25	10~15	90~120	120~150
	25~35	15~20	120~180	150~210
	>35	20~25	180~240	210~300
紧密的砂、石层	—	25~45	—	180~210

注：表中所示射水管项目，适用于在旱地或无水流的基坑中下沉垂直桩。

C.0.3 水泵的选择及管路的设计请参照公路施工手册《桥涵》计算确定。

附录 D 泥浆原料和外加剂的性能要求及需要用量计算方法

D.0.1 泥浆原料黏质土的性能要求

一般可选用塑性指数大于25，粒径小于0.074mm的黏粒含量大于50%的黏质土制浆。当缺少上述性能的黏质时，可用性能略差的黏质土，并掺入30%的塑性指数大于25的黏质土。

当采用性能较差的黏质土调制的泥浆其性能指标不符合要求时，可在泥浆中掺入 Na_2CO_3（俗称碱粉或纯碱）、氢氧化钠（NaOH）或膨润土粉末，以提高泥浆性能指标。掺入量与原泥浆性能有关，宜经过试验决定。一般碳酸钠的掺入量约为孔中泥浆土量的 0.1%~0.4%。

D.0.2 泥浆原料膨润土的性能和用量

膨润土分为钠质膨润土和钙质膨润土两种。前者质量较好，大量用于炼钢、铸造中，钻孔泥浆中用量也很大。膨润土泥浆具有相对密度低、黏度低、含砂量少、失水量少、泥皮薄、稳定性强、固壁能力高、钻具回转阻力小、钻进率高、造浆能力大等优点。一般用量为水的8%，即8kg的膨润土可掺100L的水。对于黏质土地层，用量可降低到3%~5%。较差的膨润土用量为水的12%左右。

D.0.3 泥浆外加剂及其掺量

1 CMC（Carboxy Methyl Celluose）全名羧甲基纤维素，可增加泥浆黏性，使土层表面形成薄膜而防护孔壁剥落并有降低失水量的作用。掺入量为膨润土的0.05%~0.1%。

2 FCI，又称铬铁木质素磺酸钠盐，为分散剂，可改善因混杂有土，砂粒，碎、卵石及盐分等而变质的泥浆性能，可使上述钻渣等颗粒聚集而加速沉淀，改善护壁泥浆的性能指标，使其继续循环使用。掺量为膨润土的0.1%~0.3%。

3 硝基腐殖碳酸钠（简称煤碱剂），其作用与FCI相似。它具有很强的吸附能力，在黏质土表面形成结构性溶剂水化膜，防止自由水渗透，能使失水量降低，使黏度增加，若掺入量少，可使黏度不上升，具有部分稀释作用，掺用量与FCI同。2、3两种分散剂可任选一种。

4 碳酸钠（Na_2CO_3），又称碱粉或纯碱。它的作用可使pH增大到10。泥浆中pH过小时，黏土颗粒难于分解，黏度降低，失水量增加，流动性降低；小于7时，还会使钻具受到腐蚀；若pH过大，则泥浆将渗透到孔壁的黏土中，使孔壁表面软化，黏土颗粒之间凝聚力减弱，造成裂解而使孔壁坍塌。pH以8~10为宜，这时可增加水化膜厚度，提高泥浆的胶体率和稳定性，降低失水量。掺入量为膨润土的0.3%~0.5%。

5 PHP，即聚丙烯酰胺絮凝剂。它的作用为，在泥浆循环中能清除劣质钻屑，保存造浆的膨润土粒；它具有低固相、低相对密度、低失水、低矿化、泥浆触变性能强等特点。掺入量为孔内泥浆的0.003%。

　　6　重晶石细粉（$BaSO_4$），可将泥浆的相对密度增加到 2.0 ~ 2.2，提高泥浆护壁作用。为提高掺入重晶粉后泥浆的稳定性，降低其失水性，可同时掺入 0.1% ~ 0.3% 的氢氧化钠（NaOH）和 0.2% ~ 0.3% 的橡胶粉。掺入上述两种外加剂后，最适用于膨胀的黏质塑性土层和泥质页岩土层。重晶石粉掺量根据原泥浆相对密度和土质情况检验决定。

　　7　纸浆、干锅末、石棉等纤维物质，其掺量为水量的 1% ~ 2%，其作用是防止渗水并提高泥浆循环效果。

　　以上各种外加剂掺入量，宜先做试配，试验其掺入外加剂后的泥浆性能指标是否有所改善，并符合要求。

　　各种外加剂宜先制成小剂量溶剂，按循环周期均匀加入，并及时测定泥浆性能指标，防止掺入外加剂过量。每循环周期相对密度差不宜超过 0.01。

D. 0. 4　调制泥浆的原料用量计算

　　在黏质土层中钻孔，钻孔前只需调制不多的泥浆。以后可在钻进过程中，利用地层黏质土造浆、补浆。

　　在砂类土、砾石土和卵石土中钻孔时，钻孔前应备足造浆原料，其数量可按以下公式和原则计算：

$$m = V\rho_1 = \left(\frac{\rho_2 - \rho_3}{\rho_1 - \rho_2}\right)\rho_1 \tag{D. 0. 4}$$

式中　m——每立方米泥浆所需原料的质量（t）；

　　　V——每立方米泥浆所需原料的体积（m^3）；

　　　ρ_1——原料的密度（t/m^3）；

　　　ρ_2——要求的泥浆密度（t/m^3），$\rho_2 = V\rho_1 + (1 - V)\rho_3$；

　　　ρ_3——水的密度，取 $\rho_3 = 1t/m^3$。

　　若造成的泥浆的黏度为 20 ~ 22s 时，则各种原料造浆能力为：黄土胶泥为 1 ~ 3m^3/t；白土、陶土、高岭土为 3.5 ~ 8m^3/t；次膨润土为 9m^3/t；膨润土为 15m^3/t。

　　从以上资料得知，膨润土的造浆能力为黄土胶泥的 5 ~ 7 倍。

附录 E 泥浆各种性能指标的测定方法

E.0.1 相对密度 ρ_x：可用泥浆相对密度计测定。将要测量的泥浆装满泥浆杯，加盖并洗净从小孔溢出的泥浆，然后置于支架上，移动游码，使杠杆呈水平状态（即气泡处于中央），读出游码左侧所示刻度，即为泥浆的相对密度。

若工地无以上仪器时，可用一口杯，先称其质量设为 m_1，再装清水称其质量为 m_2，再倒去清水，装满泥浆并擦去杯周溢出的泥浆，称其质量为 m_3，则 $\rho_x = \dfrac{m_3 - m_1}{m_2 - m_1}$。

E.0.2 黏度 η (s)：工地用标准漏斗黏度计测定，黏度计如附图 E.0.2 所示。用两端开口量杯分别量取 200mL 和 500mL 泥浆，通过滤网滤去大砂粒后，将 700mL 泥浆均注入漏斗，然后使泥浆从漏斗流出，流满 500mL 量杯所需时间（s），即为所测泥浆的黏度。

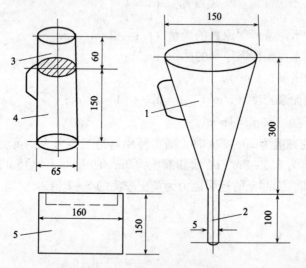

附图 E.0.2 黏度计（单位：mm）
1—漏斗；2—管子；3—量杯 200mL 部分；
4—量杯 500mL 部分；5—筛网及杯

校正方法：漏斗中注入 700mL 清水，流出 500mL，所需时间应是 15s，如偏差超过 ±1s，则量测泥浆黏度时应校正。

E.0.3 含砂率（%）：工地用含砂率计测定，如附图 E.0.3 所示。量测时，把调制好的泥浆 50mL 倒进含砂率计，然后再倒 450mL 清水，将仪器口塞紧，摇动 1min，使泥浆与水混合均匀，再将仪器竖直静放 3min，仪器下端沉淀物的体积（由仪器上刻度读出）乘以 2 就是含砂率（%）（有一种大型的含砂率计，容积为 1000mL，从刻度读出的数不乘 2 即为含砂率）。

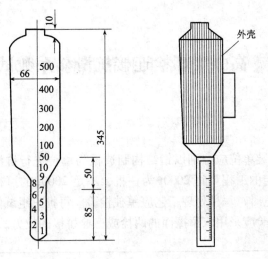

附图 E.0.3 含砂率计（单位：mm）

E.0.4 胶体率（%）：亦称稳定率，它是泥浆中土粒保持悬浮状态的性能。测定方法：可将 100mL 的泥浆放入干净量杯中，用玻璃板盖上，静置 24h 后，量杯上部的泥浆可能澄清为透明的水，量杯底部可能有沉淀物。以 100－（水＋沉淀物）体积即等于胶体率。

E.0.5 失水量（mL/30min）和泥皮厚（mm）：用一张 120mm×120mm 的滤纸，置于水平玻璃板上，中央画一直径 30mm 的圆圈，将 2mL 的泥浆滴于圆圈中心，30min 后，量算湿润圆圈的平均半径减去泥浆坍平成泥饼的平均半径（mm）即为失水量，算出的结果（mm）值代表失水量，单位为 mL/min；在滤纸中量出泥饼厚度（mm）即为泥皮厚。泥皮愈平坦、愈薄，则泥浆质量愈高，一般不宜厚于 2～3mm。

附录 F 高强度螺栓连接抗滑移系数试验方法

F. 0. 1 基本要求

1 制造厂家和安装单位应分别以钢结构制造批为单位进行抗滑移系数试验。制造批可按单位工程划分规定的工程量每 2000t 为一批,不足 2000t 的可视为一批。选用两种及两种以上表面处理工艺时,每种处理工艺应单独检验。每批三组试件。

2 抗滑移系数试验应采用双摩擦面的两栓或三栓拼接的拉力试件(见图 F.0.1)。

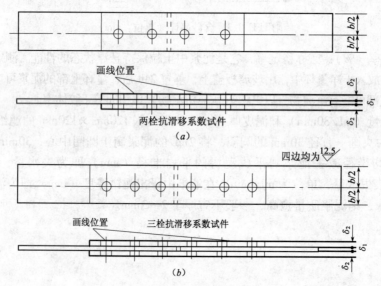

附图 F. 0. 1 抗滑移系数试件的形式和尺寸
(a) 两栓拼接试件;(b) 三栓拼接试件

F. 0. 2 试验方法

1 试验用的试验机误差应在 1% 以内。

2 试验用的贴有电阻片的高强度螺栓、压力传感器和电阻应变仪应在试验前用试验机进行标定,其误差应在 2% 以内。

3 测定抗滑移系数的试件为拉力试件。

4 测定抗滑移系数的试件应由钢桥制造厂加工,试件与所代表的钢桥应为同一材质、同批制作、同一摩擦面处理工艺,使用同一性能等级和同一直径的高强度螺栓连接副,并在相同条件下运输、存放。

5 测定抗滑移系数的试件为双面拼装试件,其试件尺寸如图 F. 0. 1。

6 试件的钢板厚度 δ_1、δ_2 应为所代表的钢桥中有代表性部件的钢板厚度,试件的宽度 b 应按表 F. 0. 2 确定。

表 F.0.2 试件板的宽度

螺栓直径 d（mm）	16	20	22	24
板宽 b（mm）	60	75	80	85

7 试件加工应符合图中规定。

8 试件板面应平整、无油污，孔边、板面无飞边、毛刺。

9 按图所示进行试件组装，先打入冲钉定位，然后逐个换成贴有电阻应变片的高强度螺栓（或用压力传感器），拧紧高强度螺栓的预应力达到（0.95～1.05）P（P 为高强度螺栓设计预拉力）。

10 将试件装在试验机上，使试件的轴线与试验机夹具中心线严格对中，在试件侧面画直线，画线位置如图 F.0.1 所示，测出高强度螺栓预拉力实测值，然后进行拉力试验，平稳加载，加载速度为 3～5kN/s，拉至滑动测得滑动荷载 N。

11 在试验中发生以下情况之一时，认为达到滑动荷载：

1）试验机发生回针现象；

2）$X-Y$ 记录仪中变形发生突变；

3）试件测面画线发生错动。

F.0.3 抗滑移系数 f 按下式计算，取两位有效数字：

$$f = \frac{N}{m\sum P} \tag{F.0.3}$$

式中 N——由试验机测得的滑动荷载（取三位有效数字）（kN）；

m——摩擦面数，取 $m=2$；

$\sum P$——与试件滑动荷载对应一侧的高强度螺栓预拉力实测值之和（取三位有效数字）（kN）。

附录 G 钢梁涂装

G.0.1 钢梁涂料的性能应符合下列规定：

1 底层涂料

1）对钢材表面有良好的附着力，对面漆有较好的粘结力；

2）渗水性小，防腐性能强，能隔阻外界的腐蚀作用；

3）涂膜干燥后，能保持较久的弹性，不变脆。

2 面层涂料

1）耐候性好，能抵抗紫外线和水汽，不易粉化龟裂；

2）具有化学稳定性，能耐酸、碱、盐类的侵蚀；

3）能有效地隔阻水分和空气进入涂膜；

4）对底漆有良好的粘结力。

G.0.2 选用涂料品种时，除应符合上述要求外，底面层涂料应配套使用。

G.0.3 涂料应按说明书或试验数据掌握配合比和黏度。黏度太大时，可掺用稀释剂，但不得超过说明书或试验确定的限量值，不宜超过涂料质量的 2%，特殊情况下不得超过 5%。

严禁用煤油、柴油和低沸点汽油作为钢桥涂装的稀释剂。

G.0.4 各种涂料调至施工黏度后，应采用 120～200 目金属筛过滤，滤除漆皮和杂质后方可涂装作业。

G.0.5 钢梁涂装层的道数和涂膜厚度，当设计无要求时，可按表 G.0.5 取值。

表 G.0.5　钢梁涂装层道数和涂膜厚度

涂装体系序号	涂料名称	涂料代号	道数	每道干膜最小厚度（μm）	干膜最小总厚度（μm）		
					干燥地区	潮湿地区	恶劣地区
I	特制红丹酚醛底漆	F53～31	2～3	35	70	70	105
	铝锌醇酸面漆	C04～45	2～3	35	70	105	105
II	特制红丹酚醛底漆	F53～31	2～3	35	70	70	105
	醇酸面漆	C04～9	2～3	40	80	120	120
III	环氧富锌底漆	H06～4	2～3	30	—	—	80
	铁氧化橡胶面漆		4	35			140
IV	特制环氧富锌底漆		2	40		80	80
	环氧云铁中间层	H06～4	1	40	—	40	40
	铝粉石墨醇酸面漆		2～3	35		70	105

注：1　按 GB 4797.1 附录 A 中我国户外气候类型的区域分布图，其寒冷、干热区域的内陆地区为干燥地区，亚湿热、湿热区域为潮湿地区；

　　2　含有盐雾的沿海地区，含有二氧化硫的大气污染地区或风砂地区为恶劣地区。

G.0.6 每道涂料涂装过程中，应用滚轮式或梳式测厚仪检测湿漆膜厚度，控制干漆膜厚度，并按有关规定用磁性测厚仪或杠杆千分尺测量涂料涂层厚度。

附录 H 本规程用词说明

H. 0. 1 执行条文严格程度的用词。

1 表示很严格，非这样做不可的用词：

正面词采用"必须"；

反面词采用"严禁"。

2 表示严格，在正常情况下均应这样做的用词：

正面词采用"应"；

反面词采用"不应"或"不得"。

3 表示允许稍有选择，在条件许可时首先应这样做的用词：

正面词采用"宜"或"可"；

反面词采用"不宜"。

H. 0. 2 条文中指明应按其他有关标准、规范或条文执行时，写法为："应遵守……的规定"、"应符合……的规定"。

条 文 说 明

7.2 人工挖桩施工不应是首选方法，其施工条件较差，极易发生安全事故。即使在地质条件好的地区，选用人工挖孔桩工法，也必须有可靠的安全防护措施。

8.1.4 无围堰筑岛一般应在沉井周围设置不少于2m的护道是考虑沉井重力对其外围土体稳定的影响而规定的最小值，施工中尚应根据支模、材料运输等要求确定护道宽度。同样有围堰筑岛时，沉井外缘距围堰的距离规定也是考虑沉井重力对围堰产生侧压力的影响而规定的最小值。

8.2.1 抽垫方法一般是先撤除内隔墙下的支垫，然后分区、依次、对称、同步地抽出刃脚下的垫木。在抽出垫木的同时，立即用砂土（或砂加卵石）回填，使沉井重量从支承垫木上逐步转移到回填密实的砂性土上，防止沉井失稳。

8.2.11 射水管可在井壁内预留，也可将射水管紧固于井壁外侧。

8.2.12 下沉中通过井壁预留注浆孔压入泥浆减少阻力。泥浆固壁性是指由于液柱压力支承土壁及泥浆皮的护壁作用，使土壁不致坍塌的性能。泥浆触变性是指泥浆在静止时形成的具有一定强度网状结构的胶凝体，搅动时又能流动的性能。泥浆的胶凝与胶溶（流动）的反应是可逆的，即它的网状结构经搅动破坏后可以在静止时恢复。泥浆的胶体率是反映泥浆会不会产生聚沉离析、失水过多或地下水稀释现象的指标。

8.2.13 空气幕下沉沉井是在沉井外壁预留许多气龛。压缩空气通过井壁预埋管路从气龛喷射小孔喷出，并沿井壁上升至地表溢出，使井壁和土体间产生瞬时隔离，从而减少摩擦力，使沉井下沉容易。

8.2.15 沉井倾斜和位移的原因一般有：取土不均、刃脚下土层软硬不均、一侧刃脚被障碍物搁垫、井内大量翻砂、外侧土压力不平衡等。纠偏一般以在井顶高的刃脚下偏除土为主，也可采用外侧射水（或外侧偏除土）等措施。偏压重和顶部施加水平力的方法只在沉井下沉初期才有效。也有在低刃脚下设垫块，迫使该侧刃脚停止下沉以纠偏。

在松软的土层中，接高第一、二节沉井时，有可能发生突然下沉或倾斜，因此应考虑在刃脚下回填或支垫。

11.2 梁桥悬臂浇筑，主要用于T形刚构、悬臂梁桥及连续梁桥等大跨径预应力结构。

11.2.1－2 悬臂浇筑可用于T形刚构和预应力混凝土连续梁，后者梁与桥墩不是刚性联结。为了使桥墩能承受在悬臂浇筑梁时产生的不平衡弯矩，应将梁与墩临时固结或在墩旁设置支承托架。

11.2.1－3 施工挂篮是预应力混凝土连续梁、T形刚构和悬臂梁分段施工的一项主要设备。它能够沿轨道整体向前。施工挂篮可用桁架式挂篮、三角式挂篮、菱形挂篮和斜拉式挂篮。

11.2.1－6 悬浇连续梁合拢前，合拢段两端结构受温度的影响产生纵向伸缩，使合拢间距发生变化，从而导致合拢段混凝土产生裂缝。因此，合拢段的临时锁定应到合拢段混凝土养护到一定强度，并施加预应力后，才能拆除。

11.5.1 在安装就位的预制混凝土简支主梁上，现浇混凝土桥面结构，同时浇筑主梁之间的横梁结构，使混凝土主梁与桥面板、横梁共同工作，则形成混凝土结合梁。

11.5.2 在安装就位的钢板梁、钢箱梁上现浇混凝土桥面板结构，使钢主梁和混凝土桥面板共同工作，则形成钢—混凝土结合梁。

12.3 梁桥悬臂拼装，主要用于T形刚构、悬臂梁桥和连续梁桥等大跨径预应力结构。

12.3.3－4 悬臂拼装时，随着梁段一对对地安装，悬臂端梁段和已安装的中间梁段的挠度经常变化，事先绘制主梁安装时的挠度变化曲线，以控制梁段安装高程是必要的。此曲线应由设计提供，当设计未提供时，施工单位应会同设计单位绘制。

12.3.3－5 预应力连续梁桥、悬臂梁桥的主梁与桥墩间不是连成整体的结构（设有支座），悬拼时，需要采取如条文所述的临时措施，以承受墩两侧悬拼产生的不平衡力矩。硫磺水泥砂浆块作为临时支承比纯水泥块好，前者拆除时加热即可逐步熔化，使梁下落到正式支座上。为避免加热熔化硫磺水泥砂浆块而将支座中的四氟板和橡胶板烧坏，应在硫磺水泥砂浆块与支座间设置石棉垫等隔热层。

12.3.3－7 采用环氧树脂接缝时，涂胶并将梁段靠拢调整后，即应开始张拉部分预应力束，对梁段进行挤压才能粘结良好。挤压力大小与粘胶剂种类有关。

12.3.4 预应力连续梁桥在用悬臂拼装时，梁顶部承受负弯矩，即预应力筋都布置在梁截面上部，两个悬臂在跨中合拢以后，跨中附近变为正弯矩，即该部位梁截面下部成为受拉状态，梁上部变换为受压状态，若在合拢前不采取措施，则原在梁截面上部张拉的预应力筋拉应力松弛，如预应力筋置于明槽内侧可能向上漂浮，如梁下部未曾张拉预应力筋时，则拼装的块件就会折断坠落。

12.4 顶推法架梁适用于跨径为40～60m预应力混凝土等截面（等高）连续梁架设。顶推法可架设直桥、弯桥、坡桥。弯梁桥或坡桥必须在同一曲率的平曲线、竖曲线段顶推。顶推施工可根据需要选用单点顶推或多点顶推。跨径为50m以上的连续梁顶推时，宜设临时墩减小顶推跨径。

14.2.6 设置空缝是为了当拱架变形时，拱圈各节段有一相对活动的余地，从而避免节段间砌缝砂浆开裂。预留空缝的位置为拱圈易于变形开裂的部位。设置空缝还可以在填塞砂浆捣实时产生挤压力（1.0～1.7MPa），挤紧各砌缝砂浆，并可使拱圈受挤压升高脱离模板，便于拱架的拆除。

14.4.5 分环多工作面浇筑劲性骨架混凝土拱圈（拱肋）的关键是分次多点均衡加载，使劲性骨架变形均匀，并有效地控制结构内力和稳定性。

14.4.7 水箱加载的一般规律是，当混凝土浇筑至L/4区域时，拱L/4截面高程下降，拱顶上升，二者达到最大值，同时水箱加载也达到最大值。这是整个拱圈（拱肋）施工的关键阶段，要及时控制好竖向、横向变位，防止钢骨架弦杆应力超限而导致失稳。

14.4.8 斜拉扣挂法就是在拱圈（拱肋）适当位置选取扣点，用钢绞线作为扣索（斜拉索），两岸设置临时塔架，在混凝土浇筑过程中，根据各断面的应力情况进行张拉或放松，实现从拱脚到拱顶连续浇筑混凝土。

扣点作为施加在拱肋上拉力的作用点，其位置很重要，可根据受力要求并考虑钢骨架吊装大段的接头位置合理选择。

扣索的索力可采用指定应力法来确定。即指定拱肋断面的应力在某一范围内，在浇筑某一环混凝土时，如应力在此范围内，可不张拉扣索，如超出指定范围，则用扣索来调整应力。扣索的张拉与放松过程，一般是从拱脚往上浇筑混凝土时，拱脚附近的截面上缘受拉，这时就需要靠张拉扣索来调整应力，浇至一定长度后，拱脚转而受压，趋于全拱均匀受荷，就要逐渐放松扣索。混凝土浇完扣索已松完，转变为纯拱受荷体系。

18 桥梁荷载试验可分为静载试验、动载试验或二者相结合。该章是针对静载试验所提出的技术规定。进行动载试验时应根据设计提出的试验要求，制定相应的试验方案与安全措施。